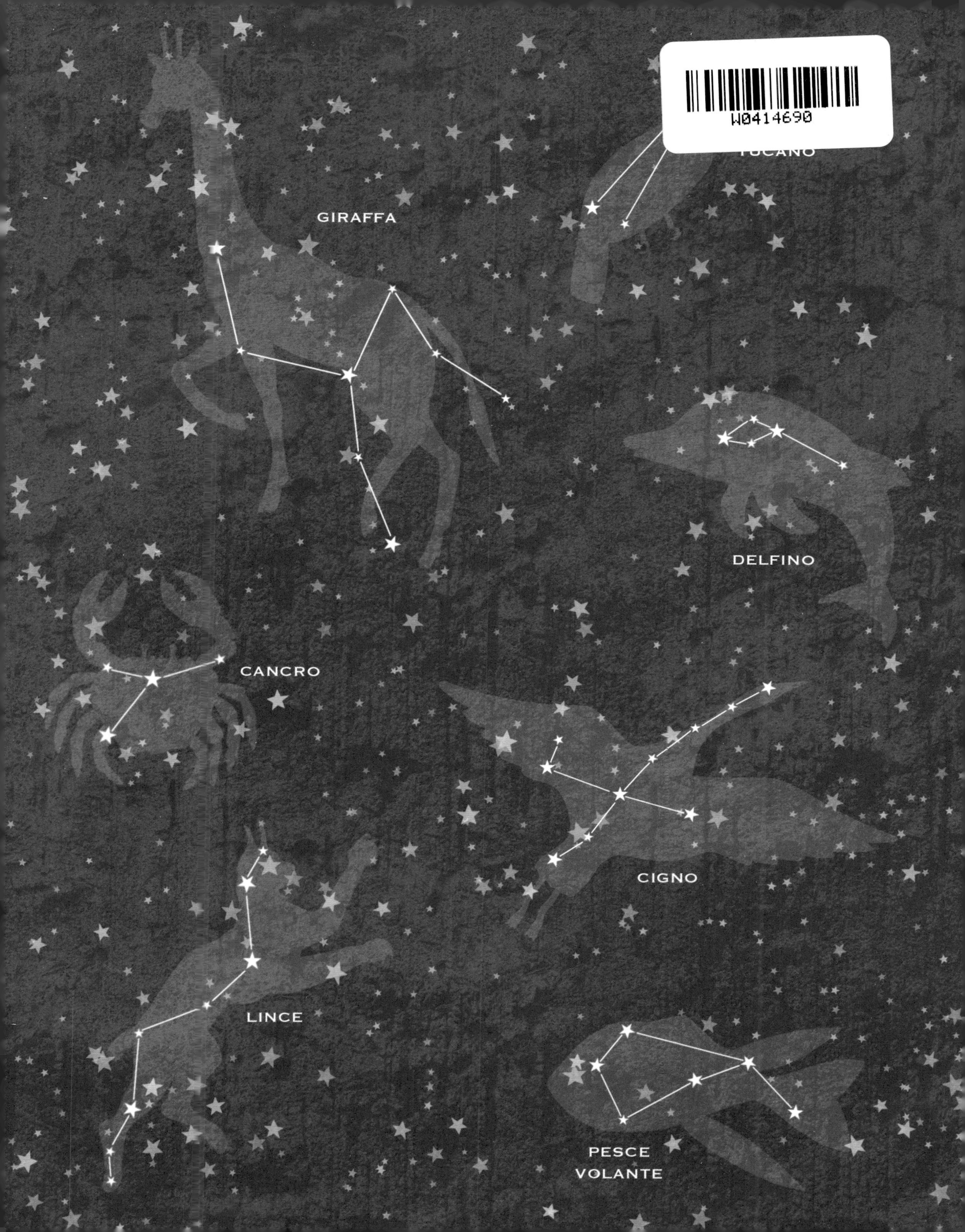
TUCANO
GIRAFFA
DELFINO
CANCRO
CIGNO
LINCE
PESCE
VOLANTE

Vita Selvaggia

Gli animali del pianeta
raccontati nei loro habitat

Per Ty

Grazie!

La creazione di un libro è un bioma finemente regolato. Professionisti di varie specie si uniscono per creare l'ecosistema perfetto di parole e immagini, portando un mondo vivo e pulsante sulla pagina stampata. Un grazie enorme a questa squadra di creature molto talentuose: Melissa Kayser, Megan Cuthbert, Alice Barker, Gemma Taylor, Megan Ellis, Regine Abos e la dottoressa Anika Müller, consultata per i contenuti. Il mio rispetto e la mia gratitudine vanno a coloro che dedicano la vita ad aiutare la nostra preziosa fauna selvatica. Infine, ringrazio infinitamente le mie scimmiette, ovvero la mia famiglia e i miei amici, degli *Homo sapiens* pieni di delicatezza e grinta.

Vita Selvaggia

Gli animali del pianeta raccontati nei loro habitat

TANIA McCARTNEY

CREALIBRI

Sommario

Un giro del mondo

Sul nostro pianeta ricco di vita brulicano otto milioni di specie stimate di animali, ma quasi il 90% non è ancora stato identificato. Ci vorrebbero 1000 anni per nominarle tutte e gli scienziati ne scoprono di nuove ogni giorno.

Nonostante i grandi numeri, gli animali sono una parte minuscola della vita, soprattutto gli esseri umani. Sulla Terra ci sono più di 8 miliardi di persone, ma costituiscono solo lo 0,01% della vita e, se si aggiungono tutti gli altri tipi di animali (dalle pulci alle balene), il totale è solo il 5%. Sorprendentemente, i batteri minuscoli costituiscono il 13% della vita, ma le piante sono i pesi massimi, con un bel 83%!

Di tutte le classi di animali, gli insetti dominano il mondo. Ne esistono 90.000 varietà conosciute e costituiscono l'80% di tutte le specie. Questo significa che, mentre leggi questo libro, circa 10 quintilioni (10.000.000.000.000.000!) di insetti sgambetta sul pianeta.

Quando si parla di mammiferi, gli esseri umani sono il 36% e un bel 60% sono animali da allevamento. Solo il 4% dei mammiferi di tutto il mondo è selvatico.

Abbiamo bisogno degli animali. Sono bellissimi, maestosi, allegri, incantevoli e a volte spaventosi, ma ognuno di loro, dal pipistrello grande quanto un bombo alla mastodontica balenottera azzurra, è vitale per il delicato equilibrio, la salute e la felicità del nostro pianeta. Dipendiamo tutti gli uni dagli altri!

In questo libro scoprirai le meraviglie e la bellezza degli animali nei loro tanti habitat diversi. Mentre sfogli le pagine, scalerai la montagna più alta insieme a un camoscio alpino, ti tufferai nelle profondità del mare con un calamaro colossale, volerai insieme ai più grandi uccelli marini del mondo e ti sdraierai a pancia in giù per ammirare le minuscole creature che arricchiscono il suolo.

Celebriamo la preziosa fauna della Terra con questo fantastico giro del mondo.

GLI ANIMALI SONO STRABILIANTI

- Ci sono 1,5 milioni di formiche per ogni essere umano. Non hanno i polmoni, quindi respirano attraverso dei buchi sui lati del corpo.
- I granchi hanno i denti nello stomaco.
- Le meduse hanno più di 505 milioni di anni: esistevano ancora prima degli squali e perfino dei dinosauri!
- I fenicotteri riescono a mangiare solo con la testa capovolta.

- Le tartarughe marine si sbarazzano del sale in eccesso nel corpo piangendo: lo espellono attraverso gli occhi.
- In realtà, le proboscidi degli elefanti sono dei grandi incisivi e spuntano quando hanno circa 2 anni
- I polpi non hanno orecchie, ma rilevano le onde sonore. Il sangue blu permette loro di vivere nell'acqua fredda.
- Sulla Terra ci sono più di 1,4 miliardi di insetti per ogni essere umano.
- I coccodrilli e le tartarughe hanno le piastre, non le squame. Questi minuscoli frammenti ossei si sviluppano sottopelle e sono una specie di armatura.
- L'animale più mortale del mondo è la zanzara.
- La maggior parte degli anfibi nasce come larva e respira con le branchie. Da adulti, usano i polmoni.
- Alcune specie di squali degli abissi possono illuminarsi al buio! Sono bioluminescenti.

Classi di animali

Gli scienziati classificano gli animali da secoli. È difficile ricordare milioni di specie spettacolari e varie, così sono suddivise in sei classi principali e secondo le loro caratteristiche, così da evitare... un'emicrania come minimo!

MAMMIFERI

- A sangue caldo
- Pelo o pelliccia
- Partoriscono piccoli vivi (tranne i monotremi)
- Allattano i piccoli
- Respirano con i polmoni

GHEPARDO

STROLAGA MAGGIORE

UCCELLI

- A sangue caldo
- Piume e ali
- Depongono le uova
- Respirano con i polmoni

ENYALIOIDES ALTOTAMBO

RETTILI

- A sangue freddo
- Squame o piastre
- La maggior parte depone le uova
- Respirano con i polmoni

PESCI

- A sangue freddo
- Squame e pinne
- La maggior parte depone le uova
- Respirano con le branchie

LUCCIO ALLIGATORE

ANFIBI

- A sangue freddo
- Pelle umida
- Zampe palmate
- La maggior parte depone le uova
- Respirano con polmoni, branchie e pelle

SALAMANDRA PEZZATA

INVERTEBRATI

A livello mondiale, il 97% di tutte le specie animali appartiene al gruppo degli invertebrati senza spina dorsale. Questo gruppo comprende tutti gli insetti e i ragni, nonché un'enorme varietà di creature che vivono negli oceani: meduse, coralli, spugne, stelle marine, molluschi e aragoste. Gli invertebrati sono molto diversi tra loro, quindi hanno in comune soltanto poche caratteristiche.

- A sangue freddo
- Senza spina dorsale
- Senza pareti cellulari
- Si riproducono da due cellule unite

FORMICA DI FUOCO

≫ PIANTA O ANIMALE?

I funghi sono un gruppo di organismi a sé perché a volte si comportano come una pianta, altre come un animale. Come le piante, i funghi hanno strutture simili a radici (dette micelio) e la maggior parte non si muove, ma non producono il proprio cibo come le piante (con la fotosintesi). Si nutrono come gli animali: assumono nutrienti ingoiando piante e animali in decomposizione.

OVOLO MALEFICO

≫ DIETA

GLI ERBIVORI, come il camoscio alpino, mangiano le piante.
I CARNIVORI, come le aquile, mangiano gli animali.
GLI ONNIVORI, come le tartarughe, mangiano piante e animali.

AQUILA ARPIA

CAMOSCIO ALPINO

TARTARUGA PITTURATA

≫ NOMENCLATURE BINOMIALI

Ogni specie animale ha una nomenclatura binomiale unica di due parole che aiuta gli scienziati a classificare e raggruppare le tantissime creature sulla Terra. La prima parola del nome è il genere dell'animale e la seconda è la specie, per esempio *Homo sapiens*. *Homo* in latino significa "essere umano" e *sapiens* significa "saggio". Le nomenclature binomiali sono per lo più in latino, ma a volte sono in altre lingue, come il greco. Alcune nomenclature binomiali sono tautonimi, cioè il genere e la specie si ripetono, come *Glis glis* per il ghiro o *Alle alle* per la gazza marina.

≫ RANGO TASSONOMICO

Tasso cosa? Tutta la vita sulla Terra è organizzata e raggruppata con questa classificazione. Gli esseri viventi rientrano in tre domini: Bacteria (alcuni tipi di batteri), Archea (altri tipi di batteri) e Eukarya (tutti gli altri tipi di esseri viventi, compresi scarafaggi, meli e... tu). In questo modo, possiamo identificare tutte le specie animali, dalle querce e dalle alghe ai koala e agli scarabei Golia.

- ≫ **DOMINIO** (per es. Eukarya)
- ≫ **REGNO** (per es. animale)
- ≫ **TIPO** (per es. artropode)
- ≫ **CLASSE** (per es. invertebrato)
- ≫ **ORDINE** (per es. Coleotteri)
- ≫ **FAMIGLIA** (per es. scarabeidi)
- ≫ **GENERE** (per es. *Goliathus*)
- ≫ **SPECIE** *(per es. Goliathus regius)*

SCARABEO GOLIA REALE

≫ STATO DI CONSERVAZIONE

Gli animali in pericolo di estinzione, come il koala, soffrono per la perdita dell'habitat, l'introduzione di specie animali non originarie della loro zona, il bracconaggio e molti fattori ambientali come l'inquinamento, gli incendi e il cambiamento climatico. I governi dei Paesi di tutto il mondo assegnano lo stato di conservazione sia agli animali nativi che a quelli introdotti. In questo libro, troverai l'attuale stato di conservazione accanto a ogni animale.

- **NE** NON VALUTATO
- **LC** RISCHIO MINIMO
- **NT** PROSSIMO ALLA MINACCIA
- **CD** DIPENDENTE DALLA CONSERVAZIONE
- **VU** VULNERABILE
- **EN** IN PERICOLO
- **CR** RISCHIO CRITICO
- **EW** ESTINTO IN NATURA
- **EX** ESTINTO

KOALA

In quale parte del mondo?

Il mondo è un luogo vasto e vario, suddiviso in habitat, biomi, ecosistemi e ambienti. Il clima, il suolo e l'acqua determinano il tipo di animali che vivono in ogni habitat.

Puoi trovare le aquile in cima a una montagna, le lucertole nei deserti, gli uccelli nelle praterie e le scimmie nelle foreste. Gli alci vagano nella tundra, i calamari nuotano negli oceani, le tartarughe vivono nei fiumi e nei laghi, e la maggior parte dei pinguini adora vivere al Polo.

Innumerevoli specie di pesci vivono nei fiumi, nei laghi e negli oceani, insieme a qualsiasi altra classe di animali sulla Terra: rettili, invertebrati, anfibi, mammiferi e uccelli, questi solo part time.

HABITAT

Un habitat è come una casa, è il luogo in cui una specie animale (o vegetale) vive. Un habitat può essere piccolo come una cellula o grande come un continente. Anche tu vivi in un habitat: la tua casa!

Possono esserci diversi habitat in una determinata area. Nelle zone costiere, gli habitat possono includere sabbia, erba, piscine naturali e mangrovie. Nei deserti, gli habitat possono includere cespugli, alberi, dune e rocce.

BIOMI

Un bioma è una vasta regione con ambiente e clima specifici. Può comprendere molti habitat diversi, ma in ognuno vivono piante e animali che si sono adattati alla vita in quel luogo.

I biomi terrestri (sulla terraferma) sono foreste, tundre, savane, deserti, praterie e alpino. Fiumi, laghi, barriere coralline ed estuari (il punto in cui un fiume incontra il mare) fanno parte dei biomi acquatici (in acqua).

Gli orsi polari e i pinguini imperatori condividono un tipo di bioma, le gelide regioni polari del mondo, con gli orsi polari al Polo Nord e i pinguini imperatori al Polo Sud. I lemming e le volpi artiche condividono il bioma tundra, e le lucertole e gli scorpioni il bioma deserto

Il bioma terrestre più grande del mondo è la taiga: un tratto di foresta boreale che si estende dall'Alaska a tutto il Nord America, fino all'Europa e alla Russia. E non solo:, attraversa anche gli oceani.

ECOSISTEMI

In un modo o nell'altro, ogni essere vivente è collegato e l'ecosistema è il modo in cui interagiscono. È il rapporto tra animali, piante e ambiente: come convivono e dipendono tra loro, e come l'acqua, l'aria e il suolo forniscono nutrienti ed energia.

Anche il tuo corpo è un ecosistema: le cellule interagiscono con tutti i minuscoli e gli organismi viventi che vivono dentro e sopra di te. Ogni cosa funziona in armonia per mantenerti vivo e in salute.

AMBIENTI

Volta pagina e scopri gli ambienti principali che gli animali chiamano casa.

Ambienti

Gli animali hanno bisogno di un certo tipo di ambiente per prosperare e sopravvivere. Alcuni animali vivono in più ambienti, compresi gli esseri umani. I principali tipi di ambiente sono:

FORESTA

Alcune foreste sono piccole, mentre altre ricoprono la metà di un continente! Le foreste del mondo possono essere tropicali, con foreste pluviali rigogliose che brulicano di scimmie, uccelli, serpenti e rane. Altre sono temperate, con alberi decidui che si tingono di rosso in autunno, e pullulano di orsi, gufi, scoiattoli e cervi. Nelle foreste boreali di alberi sempreverdi, a volte ricoperti di neve, volpi, alci e lupi si muovono a terra, mentre aquile e falchi sfrecciano nei cieli.

TUNDRA

La tundra è l'ambiente più freddo del mondo grazie a uno strato di terreno ghiacciato, detto permafrost. La tundra si trova per lo più nell'emisfero boreale e ci piove talmente poco, che può essere arida come il deserto. L'inverno può durare addirittura 10 mesi, quindi il cibo scarseggia per le creature affamate. Erba, licheni e muschio crescono solo quando la neve si scioglie, ma gli animali riescono a viverci. Ci vivono orsi polari, lupi artici, pulcinella di mare, gufi e molti tipi di foche e balene.

REGIONI POLARI

Nelle regioni polari l'inverno è lungo e rigido, e gli animali si sono dovuti evolvere, o sarebbero morti. Uccelli e mammiferi si sono adattati facendosi crescere ulteriori strati di pelliccia, piume e grasso (come il tricheco). Le balene migrano verso acque più fredde per trovare fonti ricche di krill e il grasso in più che mettono su mangiando le tiene al caldo. I lemming si nascondono nella neve diventando bianchi in inverno e i pinguini imperatori sopravvivono stringendosi gli uni agli altri in grandi colonie.

DESERTO

I deserti ricoprono quasi un quinto della superficie terrestre e sono estremamente aridi, torridi di giorno e gelidi di notte. Solo alcune piante, come i cactus, riescono a sopravvivere, ma ci vivono anche molti animali, tra cui scorpioni, cammelli, suricati, dingo e i corridori della strada. I piccoli mammiferi sopravvivono scavando nel sottosuolo e strisciando fuori nel fresco della sera. Anche se il deserto del Sahara ricopre quasi un terzo dell'Africa, in realtà il più grande deserto del mondo è l'Antartide!

ZONE DI MONTAGNA

Le zone di montagna si trovano al di sopra della linea degli alberi delle vette più alte del mondo. Qui vivono gatti selvatici e camosci, alci, stambecchi e falene di Bogong. Il clima è freddo e ventoso, eppure gli animali si sono adattati alla luce ultravioletta (UV) in alta quota e all'aria rarefatta. Gli uccelli, come il condor delle Ande, sono montanari esperti e alcuni, come la pernice bianca, si sono adattati così bene alla vita di montagna che sono diventati maestri nel mimetizzarsi contro i predatori.

PRATERIA

In tutto il mondo, le mandrie di animali pascolano pigre su aree pianeggianti e aperte dal suolo ricoperto d'erba, chiamate praterie, savane, pampas, brughiere, steppe e in molti altri modi. Queste praterie possono essere temperate o tropicali. Nelle praterie temperate del Nord America, puzzole, lepri, cavallette e bisonti vivono tra estati calde e inverni freddi. Nelle praterie tropicali dell'Africa, chiamate savane, struzzi, zebre, giraffe, ghepardi ed elefanti si godono un clima caldo e umido tutto l'anno.

OCEANI

Gli oceani sono un luogo vasto e misterioso, un vero e proprio tesoro con creature straordinarie. Solo due delle sei classi di animali non possono vivere continuamente nell'acqua salata: gli uccelli e gli anfibi. Gli animali che ci vivono sempre (o quasi) comprendono tutti i tipi di pesce e molti mammiferi, come le balene, le lontre e i dugonghi. Ci vivono anche alcuni rettili, come i serpenti marini e le tartarughe marine, e un sacco di invertebrati, come le aragoste, le meduse e i coralli.

FIUMI E LAGHI

Ognuna delle sei classi di animali comprende una serie di specie che vive (o no) nei fiumi e nei laghi. Castori, toporagni e delfini di fiume fanno parte dei mammiferi acquatici. Tra i tanti uccelli acquatici ci sono pellicani, anatre e aironi. I rettili variano dai coccodrilli alle lucertole. La maggior parte degli anfibi vive nell'acqua o in sua prossimità, fondamentale per deporre le uova. Un sacco di invertebrati vive nell'acqua, tra cui moscerini, chiocciole, vermi e gamberi di fiume.

MAR GLACIALE ARTICO
MARE DI BEAUFORT
GOLFO DELL'ALASKA
BAIA DI HUDSON
GRANDI LAGHI
GOLFO DEL MESSICO
MAR DEI CARAIBI
OCEANO PACIFICO
1
2
3
5
6
7
8
9
10
11
12
13
14
15
16
17
18
19
21
22

Nord America

Dalle aquile in volo alle minuscole formiche rosse, dai coyote ai corridori della strada, dagli alligatori agli orsi polari, il Nord America è il continente degli estremi. Gli habitat variano dalle regioni polari della Groenlandia fino ai Grandi Laghi tra il Canada e gli Stati Uniti. Gli animali migrano a sud per trovare climi più caldi: le isole tropicali dei Caraibi e i deserti infuocati del Messico.

Gli animali di questo continente vanno dal più grande orso del mondo alle minuscole farfalle che svolazzano in grandi nuvole arancioni dal Messico al Canada, e ritorno… una delle migrazioni più spettacolari del pianeta.

Il Nord America ha sei binomi principali: tundra, deserto, prateria, foresta di conifere, foresta decidua e foresta pluviale tropicale.

1 .... Vespula
2 .... Aquila calva
3 .... Alce
4 .... Farfalla monarca
5 .... Lumaca banana
6 .... Orso Grizzly
7 .... Corridore della strada
8 .... Mostro di Gila
9 .... Formica di fuoco
10 .... Serpente a sonagli
11 .... Scricciolo dei cactus
12 .... Coyote
13 .... Folaga americana
14 .... Tartaruga pitturata
15 .... Luccio alligatore
16 .... Dolania americana
17 .... Necturus maculosus
18 .... Lontra canadese
19 .... Gynaephora groenlandica
20 .... Rana sylvatica
21 .... Gazza marina
22 .... Orso polare
23 .... Tricheco
24 .... Lemming dal collare

Montagne e foreste

VESPULA
Vespula

CLASSE: Invertebrato **DIETA:** onnivora
LUNGHEZZA: fino a 12 mm **PESO:** fino a 0,04 g

Questa aggressiva vespa gialla mangia anche la carne ed è piuttosto ghiotta di una bistecca di insetti (senza salsa). Invade sempre gli alveari, uccidendo le api e divorando uova, larve e miele. Ma le api sono intelligenti: circondano in fretta la vespa, facendo vibrare le ali finché la temperatura non raggiunge i 46 °C, così da ucciderla (ma, ahimè, anche molte api muoiono). Le Vespule costruiscono nidi sugli alberi o nelle tane di piccoli animali. Un nido può essere tanto piccolo da stare in una mano o pesare quanto un cavallo!

SONO MIGLIAIA LE SPECIE DI VESPE **LC**

ALCE
Alces alces

CLASSE: mammifero **DIETA:** erbivora
ALTEZZA: fino a 2 m **PESO:** fino a 800 kg

L'alce, il più grande di tutte le specie di cervo, ha un lembo di pelle chiamato giogaia sotto il mento e corna massicce, che raggiungono i 2 m di ampiezza. In inverno, le corna si staccano e sono un pasto ricco di calcio per gli animali più piccoli, come gli scoiattoli. Gli zoccoli dell'alce sono tipo una racchetta da neve: gli impediscono di sprofondare nel terreno molliccio. Nonostante le sue dimensioni, è un brillante nuotatore e si immerge anche sott'acqua. Alla nascita, un cucciolo di alce pesa 15 kg e, quando ha soli 5 giorni, può correre più veloce di un essere umano.

UN GRUPPO DI ALCI È UNA MANDRIA **LC**

ARIOLIMAX
Ariolimax

CLASSE: invertebrato **DIETA:** erbivora
LUNGHEZZA: fino a 25 cm **PESO:** fino a 115 g

È una lumaca o una banana matura? È la seconda lumaca più grande del mondo e uno degli animali più lenti del pianeta: si muove davvero a passo di lumaca... la sua velocità massima è 17 cm al minuto. Vive sul suolo umido delle foreste dalla California all'Alaska, ingoia le piante morte e rilascia rifiuti ricchi di nutrienti nel terreno. Come tutti i gasteropodi, ha un solo polmone e respira attraverso uno sfiatatoio di lato. Stranamente, questa creatura molliccia ha in realtà migliaia di minuscoli denti e, proprio come una banana, non ha spina dorsale.

È UN ANIMALE DECOMPOSITORE **NE**

AQUILA CALVA
Haliaeetus leuco cephalus

CLASSE: uccello **DIETA:** carnivora
APERTURA ALARE: fino a 2,3 m **PESO:** fino a 6,5 kg

L'aquila calva non è davvero calva: lo sembra e basta per la sua testa dalle piume bianche. Capace di scendere in picchiata a velocità di 160 km/h, ruba spudoratamente le prede dai becchi degli altri uccelli. Il suo nido è uno dei più grandi del mondo, largo fino a 3 metri, ma è anche il più puzzolente. I piccoli, chiamati aquilotti, fanno molta cacca e i genitori si limitano a coprirla con le foglie. Chissà che puzzo! È un uccello potente, ma il suo richiamo sembra una risatina allegra.

È IL SIMBOLO DEGLI U.S.A. **LC**

FARFALLA MONARCA
Danaus plexippus

CLASSE: invertebrato **DIETA:** erbivora
LUNGHEZZA: fino a 10 cm **PESO:** fino a 0,7 g

La farfalla monarca ama fare colazione con una pianta che può uccidere molti altri animali: si è evoluta per tollerarne le tossine nel suo corpo, rendendola così velenosa se mangiata. Depone anche le uova esclusivamente sulla pianta asclepiade. Ogni anno, la farfalla monarca migra verso un clima caldo, svolazzando dal Messico al Canada e ritorno; una delle migrazioni più belle del mondo. Fino a 50.000 farfalle viaggiano per 4.800 km, un lungo viaggio per questa piccola farfalla coraggiosa.

IL PICCOLO DI FARFALLA È UNA PUPA **NE**

ORSO GRIZZLY
Ursus arctos horribilis

CLASSE: mammifero **DIETA:** onnivora
LUNGHEZZA: a 3 m **PESO:** fino a 360 kg

Con artigli lunghi 10 cm e una forza tale da atterrare un bisonte, l'orso grizzly può sembrare temibile, forse addirittura "horribilis". Ma questo gigante dal pelo ispido in realtà preferisce raccogliere bacche, noci e radici, e forse catturare qualche salmone che risale la corrente. Riusciresti a sonnecchiare fino a otto mesi? Ogni anno, il grizzly si accoccola per un sonnellino invernale. La gobba di muscoli sul suo dorso lo aiuta a scavare nella terra dura per crearsi una tana dove riposare. Le madri partoriscono i loro cuccioli in questa tana, spesso mentre dormono profondamente!

È UN PARENTE DELL'ORSO POLARE **LC**

VESPULA

AQUILA CALVA

ALCE

FARFALLA MONARCA

LUMACA BANANA

ORSO GRIZZLY

VELOCISTA MARATONETA
CORRIDORE DELLA STRADA
MOSTRO DI GILA
MORSO DI LUCERTOLA PIÙ DOLOROSO
CODA PIÙ RUMOROSA
SERPENTE A SONAGLI
PIÙ SIMILE A UN INCENDIO
FORMICA DI FUOCO
NIDO PIÙ SPINOSO
SCRICCIOLO DEI CACTUS
MIGLIOR ESTENSIONE VOCALE
COYOTE

Deserti

CORRIDORE DELLA STRADA
Geococcyx

CLASSE: uccello **DIETA:** onnivoro
APERTURA ALARE: fino a 61 cm **PESO:** fino a 340 g

Proprio come nel classico cartone animato, questo cuculo super veloce preferisce correre piuttosto che volare. Perché muoversi nell'aria quando può raggiungere velocità di 42 km/h a terra? Mentre corre, la lunga coda è come un timone e lo aiuta a evitare i predatori e a inseguire le prede. È difficile per i predatori dargli la caccia a causa delle tracce a forma di x che lascia dietro di sé. Questo uccello si nutre di insetti, rettili, roditori, frutta, noci e uova. E grazie alla sua incredibile velocità, il suo spuntino preferito è il serpente a sonagli.

IN COPPIA, È FEDELE PER TUTTA LA VITA — **LC**

MOSTRO DI GILA
Heloderma suspectum

CLASSE: rettile **DIETA:** carnivoro
LUNGHEZZA: fino a 60 cm **PESO:** fino a 2,3 kg

Il mostro di Gila (si pronuncia Ghila) è la più grande lucertola a nord del Messico. Con motivi dai colori del tramonto (arancione, giallo e rosa), trascorre più del 95% del tempo nella tana, emergendo solo per prendere il sole o mangiare. Può vivere a lungo grazie al grasso della coda: potrebbe mangiare solo tre volte all'anno! Questa lucertola è una delle poche velenose, con un morso terribilmente doloroso. Non inietta il veleno come un serpente, ma morde e mastica, rilasciando tossine mortali nella ferita della vittima.

È MOLTO RESISTENTE ALLA SICCITÀ — **NT**

FORMICA DI FUOCO
Solenopsis

CLASSE: invertebrato **DIETA:** onnivora
LUNGHEZZA: fino a 6 mm **PESO:** fino a 5 mg

Originarie del Sud America, le formiche di fuoco sono state introdotte per sbaglio negli Stati Uniti negli anni '30. Si sono diffuse come, beh, un incendio. Si nutrono principalmente di piante, ma a volte si raggruppano per attaccare piccoli animali o ingoiare carcasse. A differenza delle formiche normali, questa formica prima morde e poi punge (e la sensazione è davvero quella del fuoco!). Abili costruttrici, le formiche di fuoco possono sopravvivere alle inondazioni formando una zattera sulla superficie dell'acqua (fino a 100.000 esemplari!). Scavano gallerie lunghe più di 7 m.

LE FORMICHE VIVONO IN COLONIE — **NT**

SERPENTE A SONAGLI
Crotalus

CLASSE: rettile **DIETA:** carnivoro
LUNGHEZZA: fino a 1,5 m **PESO:** fino a 3 kg

Un piccolo di serpente a sonagli nasce vivo all'interno di una membrana e completo di zanne, quindi può uccidere una preda alla nascita. Come tutti i serpenti, usa la punta della lingua per "assaggiare" l'aria e individuare le prede. Può colpire alla velocità di mezzo secondo e ha bisogno di un periodo di riposo di due settimane per digerire la cena; l'acido del suo stomaco è così forte, che può sciogliere pelliccia e ossa! In realtà, il suo sonaglio di avvertimento all'estremità della coda sono segmenti cavi intrecciati fatti di cheratina, che sbattono tra loro come un'inquietante maraca.

UN GRUPPO DI CROTALI È UNA RUMBA — **LC**

SCRICCIOLO DEI CACTUS
Campylorhynchus brunneicapillus

CLASSE: uccelli **DIETA:** onnivoro
LUNGHEZZA: fino a 22 cm **PESO:** fino a 47 g

Lo scricciolo dei cactus è un uccellino coraggioso: gli piace appollaiarsi in cima a un cactus e procurarsi il cibo all'aria aperta, raccogliendo frutta, semi, formiche e coleotteri. Costruisce grandi nidi a forma di palla in mezzo a fichi d'India, cactus e arbusti spinosi, che formano un'intelligente armatura protettiva per le sue uova. Agli scriccioli del cactus piace molto la famiglia numerosa... mentre la femmina sta nel nido, il maschio si dà da fare per crearne altri e si prenderà cura anche dei precedenti piccoli, mentre la femmina depone altre uova.

È IL SIMBOLO DELL'ARIZONA — **LC**

COYOTE
Canis latrans

CLASSE: mammifero **DIETA:** onnivoro
LUNGHEZZA: fino a 1,3 m **PESO:** fino a 23 kg

Una volta, il furbo coyote era confinato nei deserti e nelle praterie, ma ora si aggira per le foreste e le montagne, e si è fatto strada nelle periferie di alcune città e paesi. Mangia praticamente di tutto, dalle rane e dai pesci (è un ottimo nuotatore) alla frutta, all'erba, agli insetti e alle carogne. In inverno, quando il cibo scarseggia, caccia in branchi. Il coyote non ulula davvero quando c'è la luna piena, ma ne sfrutta la luce per cacciare di notte e ulula semplicemente per comunicare. Di tutti i mammiferi nordamericani, il coyote ha l'estensione vocale più ampia.

ANIMALE NOTTURNO E CREPUSCOLARE — **LC**

Fiumi e laghi

FOLAGA AMERICANA

Fulica americana

CLASSE: uccello **DIETA:** onnivora
LUNGHEZZA: fino a 43 cm **PESO:** fino a 700 g

Con la testa d'anatra, il becco da gallina e le zampe da dinosauro, la folaga americana può sembrare un po' strana ma, grazie alle sue incredibili zampe, è molto agile sia in acqua che sulla terraferma. Le dita lobate fungono da membrana e la spingono nell'acqua, mentre sulla terraferma questi lobi si ripiegano e sono tipo scarpe, aiutandola a muoversi nell'erba, nel fango e persino sul ghiaccio. Le zampe le permettono anche di spiccare il volo. Mentre corre sulla superficie dell'acqua, sbatte le ali come una pazza per decollare e sembra che cammini sull'acqua!

SI NUTRE DI PIANTE E INVERTEBRATI **LC**

TARTARUGA PITTURATA

Chrysemys picta

CLASSE: rettile **DIETA:** onnivora **LUNGHEZZA:** fino a 25 cm **PESO:** 500 g la femmina media

La tartaruga pitturata risale a ben 15 milioni di anni fa. Quando d'inverno l'acqua si congela, questa incredibile creatura va in letargo sotto il ghiaccio fino a 100 giorni! Come? Abbassa semplicemente la temperatura corporea, rallenta il metabolismo del 95% e... inizia a respirare attraverso il sedere. Sì, questa tartaruga prende ossigeno attraverso la cloaca, un buco nella parte posteriore che serve anche per urinare, defecare e deporre le uova. I vasi sanguigni intorno a questa apertura prendono l'ossigeno direttamente dall'acqua, senza bisogno di un boccaglio.

HA STRIATURE GIALLE SUL CAPO **LC**

LUCCIO ALLIGATORE

Atractosteus spatula

CLASSE: pesce **DIETA:** carnivoro
LUNGHEZZA: fino a 3 m **PESO:** 165 kg

Con una bocca piena di denti da coccodrillo, questo fossile vivente risale a 157 milioni di anni fa ed è il più grande pesce d'acqua dolce del Nord America. A differenza di altri pesci, le sue squame ossee e intrecciate sono tipo un'armatura. In effetti, queste squame simili a ossa dei ganoidi erano utilizzate per fare punte di frecce e armature per i soldati. Questo luccio è caratterizzato da un curioso mix di ossa e cartilagine, forse apparsa quando squali e pesci ossei si sono separati nella scala evolutiva. Le sue uova sono tossiche per la maggior parte degli altri animali, compresi gli esseri umani!

CACCIA TENDENDO AGGUATI ALLE PREDE **LC**

DOLANIA AMERICANA

Dolania americana

CLASSE: invertebrato **DIETA:** onnivora
APERTURA ALARE: fino a 13 mm

Questa efemera appartiene a un antico gruppo di insetti acquatici che risale a 350 milioni di anni fa, ben prima dei dinosauri, ma ha la durata di vita più breve di qualsiasi altro animale sulla Terra. Le ninfe si schiudono dalle uova e scavano nel letto sabbioso del fiume. Quando sono pronte, nuotano verso la superficie, la pelle si spacca e spiccano il volo. Da adulte non mangiano: non hanno molto tempo da vivere. I maschi si accoppiano con le femmine, poi cadono in acqua e annegano. Le femmine depongono immediatamente le uova e sono morte nel giro di cinque minuti! Così è la vita.

È UN ANIMALE RARO **NE**

NECTURUS MACULOSUS

Necturus maculosus

CLASSE: anfibio **DIETA:** carnivoro
LUNGHEZZA: fino a 40 cm **PESO:** fino a 450 g

Questa specie di salamandra vive nell'acqua dolce, sul fondo fangoso vicino a rocce e rami: il luogo perfetto per giocare a nascondino. Ha un corpo robusto ed è una delle poche salamandre che fa davvero un verso... assomiglia a un cane che abbaia! È un anfibio, quindi ha i polmoni, ma per la maggior parte della sua vita non fa un solo respiro, grazie a branchie rosse e simili a piume, che assorbono l'ossigeno (può anche assorbirlo attraverso la pelle). Ha una vista scarsa, e così usa i sensi per fiutare e trovare il cibo.

LE UOVA SI SCHIUDONO DOPO 40 GIORNI **LC**

LONTRA CANADESE

Lontra canadensis

CLASSE: mammifero **DIETA:** carnivora
LUNGHEZZA: fino a 1,3 m coda compresa **PESO:** fino a 14 kg

Creatura giocherellona e perfetta nuotatrice. Con coda robusta (che fa da timone), piedi palmati e una pelliccia spessa e impermeabile, può restare sott'acqua fino a otto minuti. Pur essendo terribilmente miope sulla terraferma, riesce a vedere molto bene sott'acqua e i suoi baffi non solo sono carini, ma l'aiutano a rilevare i movimenti nell'acqua (si mangia!). Sulla terraferma, le mamme lontre radunano i loro cuccioli per scivolare su banchi di neve o colline fangose: una sorta di parco divertimenti per i piccoli. Questo momento di gioco insegna loro importanti abilità di sopravvivenza.

PUÒ PERCORRERE LUNGHE DISTANZE **LC**

ZAMPE PIÙ SIMILI A UN DINOSAURO
CAMPIONESSA DI LETARGO
TARTARUGA PITTURATA
FOLAGA AMERICANA
DURATA DELLA VITA PIÙ BREVE
DOLIANA AMERICANA
LUCCIO ALLIGATORE
PESCE PIÙ SIMILE A UN RETTILE
POLMONI PIÙ INUTILI
NECTURUS MACULOSUS
LA PIÙ BURLONA TRA GLI ANIMALI
LONTRA CANADESE

GYNAEPHORA GROENLANDICA
BRUCO PIÙ LANOSO
UNICA RANA DEL CIRCOLO POLARE ARTICO
RANA SYLVATICA
CARNIVORO TERRESTRE PIÙ GRANDE
ORSO POLARE
MIGLIOR COSTUME DA PINGUINO
GAZZA MARINA
ESPERTO SCAVATORE NELLA NEVE
LEMMING DAL COLLARE
BAFFI PIÙ SENSIBILI
TRICHECO

Regioni polari

GYNAEPHORA GROENLANDICA

Gynaephora groenlandica

CLASSE: invertebrato **DIETA:** erbivora
LUNGHEZZA: fino a 5 cm **PESO:** fino a 0,3 g

Vivendo a temperature fino a -70º C, non c'è da meravigliarsi se il piccolo di questa falena, chiamato bruco, passa il 90% della sua vita congelato. Durante la brevissima primavera artica, si nutre di cibo all'infinito, ma non riesce a immagazzinare energia sufficiente per diventare una falena, e così striscia sotto una roccia, si congela, si scongela quando torna la primavera e si ingozza di nuovo. Questo ciclo si ripete fino a 14 anni. Quando finalmente diventa una falena, ha solo pochi giorni per accoppiarsi prima di morire!

LE FALENE SONO ANIMALI NOTTURNI — **NE**

RANA SYLVATICA

Lithobates sylvaticus

CLASSE: anfibio **DIETA:** onnivora
LUNGHEZZA: fino a 8,3 cm **PESO:** fino a 8 g

Una rana che starnazza come un'anatra? Durante la stagione riproduttiva, la rana sylvatica starnazza giorno e notte. È l'unica rana che vive al Circolo Polare Artico e si è adattata bene alle temperature invernali. Come? Quando il freddo si fa sentire, smette di respirare e, naturalmente, il suo cuore smette di battere. Poi la rana si congela grazie a speciali zuccheri che fungono da antigelo, impedendo alle sue cellule di congelarsi. Quando il ghiaccio si scongela, lo fa anche la rana. Gli scienziati vogliono studiarne la capacità di congelarsi.

IL PICCOLO DI RANA È IL GIRINO — **LC**

GAZZA MARINA

Alle alle

CLASSE: uccello **DIETA:** carnivora
LUNGHEZZA: fino a 40 cm **PESO:** fino a 700 g

La gazza marina può assomigliare a un pinguino, ma non sono affatto imparentati. A differenza dei pinguini, la gazza marina è in grado di volare. Ha ali così tozze che deve sbatterle velocemente e in continuazione, raggiungendo velocità fino a 70 km/h! È una tuffatrice favolosa: nuota sbattendo le ali sott'acqua, usando le zampe come timone. Tra tutte le gazze, la gazza marina forma le colonie più grandi, a volte di milioni di esemplari. È anche l'unica gazza ad avere una speciale tasca nella gola per portare il cibo ai pulcini.

NIDIFICA SULLA NUDA ROCCIA — **LC**

ORSO POLARE

Ursus maritimus

CLASSE: mammifero **DIETA:** carnivoro
LUNGHEZZA: fino a 3 m **PESO:** fino a 600 kg

L'orso polare è il più grande carnivoro terrestre vivente, ma trascorre così tanto tempo nell'oceano che è ufficialmente considerato un mammifero marino. La sua pelliccia è composta da peli chiari e cavi che riflettono il ghiaccio (facendoli apparire bianchi), ma la pelle sottostante è in realtà nera, perfetta per assorbire il calore del sole. Ha anche una pelliccia isolante in fondo alle zampe. Il suo olfatto è così acuto che riesce a fiutare le prede a 16 km di distanza.

È CHIAMATO ANCHE ORSO BIANCO — **VU**

TRICHECO

Odobenus rosmarus

CLASSE: mammifero **DIETA:** carnivoro
LUNGHEZZA: fino a 4,5 m **PESO:** fino a 1,2 tonnellate

Il tricheco è veloce in acqua (fino a 35 km/h), eppure, nonostante le dimensioni e le zanne imponenti, questo gigante non è un cacciatore aggressivo. Preferisce le acque poco profonde, dove può mangiare tranquillamente i molluschi, arrivando a mangiare 4000 vongole in una sola volta. In realtà, le sue zanne sono denti canini che possono crescere fino a un metro di lunghezza. Il tricheco usa le zanne per fare buchi nel ghiaccio e per tirarsi fuori dall'acqua. La pelle spessa e il grasso lo tengono al caldo nelle acque artiche, e i suoi baffi irti sono sensibili come i polpastrelli delle dita.

I TRICHECHI SONO CAMPIONI DI IMMERSIONI — **VU**

LEMMING DAL COLLARE PALEARTICO

Dicrostonyx groenlandicus

CLASSE: mammifero **DIETA:** onnivora
LUNGHEZZA: fino a 12 cm **PESO:** circa 112 g

Come tutti i roditori, questa creatura pelosa è dotata di denti che crescono all'infinito per permetterle di rosicchiare ramoscelli. In inverno, quando il terreno è troppo duro per scavare, il lemming scava delle tane nello strato di neve più morbido, che usa per riposare, nidificare e fare i bisogni. La sua pelliccia l'aiuta a mimetizzarsi e cambia a seconda delle stagioni: bianca come la neve in inverno, marrone e nera in estate. Si riproduce molto velocemente, la femmina può avere i piccoli dopo poche settimane dalla nascita. A differenza dei cartoni animati in TV, i lemming non saltano dalle scogliere!

I LEMMING NON VANNO IN LETARGO — **LC**

MAR DEI CARAIBI
OCEANO PACIFICO
OCEANO AUSTRALE
1
2
3
4
5
6
7
8
9
10
11
12
13
15
16
18
19
20
22
23

Sud America

Dai centopiedi giganti alle rane con la pancia trasparente e a uno degli animali terrestri più vecchi della Terra, la testuggine delle Galápagos, il Sud America affascina gli esploratori intrepidi. Nel continente ci sono molti ambienti e altitudini diversi, dalle spiagge bianche e dalle pianure costiere a la foresta pluviale più grande del mondo e alla catena montuosa più lunga (sopra il livello del mare).

Le foreste, le pianure e le montagne del Sud America sono il paradiso per tantissime creature, dalla forte aquila arpia che nidifica nella canopea della Foresta Pluviale Amazzonica ai lama lanosi che gironzolano sulle Ande.

Il Sud America ha 3 biomi principali: prateria, savana e foresta pluviale.

1. .... Centopiedi amazzonico gigante
2 .... Bradipo variegato
3 .... Rana di vetro
4 .... Uakari calvo
5 .... Aquila arpia
6 .... Capibara
7 .... Enyalioides laticeps
8 .... Orso dagli occhiali
9 .... Lama
10 .... Cincillà
11 .... Tapiro di montagna
12 .... Condor delle Ande
13 .... Iguana rosa
14 .... Pinguino di Humboldt
15 .... Cimice triatomina
16 .... Lontra marina
17 .... Testuggine gigante delle Galápagos
18 .... Fenicottero del Cile
19 .... Anaconda verde
20 .... Piranha rosso
21 .... Bonto
22 .... Giaguaro
23 .... Mata mata
24 .... Caimano nero

Foreste pluviali

CENTOPIEDI AMAZZONICO GIGANTE

Scolopendra gigantea

CLASSE: invertebrato **DIETA:** carnivoro
LUNGHEZZA: fino a 30 cm

Normalmente i miriapodi hanno molte (a volte molte, molte) più zampe degli insetti e, sebbene centopiedi significhi "cento zampe", questo grande insetto ne ha solo 46. Mentre cresce, si libera dello scheletro esteriore (esoscheletro). Ma cosa mangia per diventare così grande? Lo scheletro che ha buttato! Il centopiedi amazzonico gigante è un grande predatore e si arrampica sulle pareti delle caverne, sta appeso a testa in giù dal soffitto e afferra i pipistrelli mentre volano. Una volta catturato, inietta un veleno per paralizzare lo sfortunato pipistrello.

IL SUO PICCOLO È UN BRUCO — **LC**

RANA DI VETRO

Hyalinobatrachium valeri

CLASSE: anfibio **DIETA:** carnivora
LUNGHEZZA: fino a 2,6 cm **PESO:** fino a 114 g

Questa curiosa rana ha la pancia trasparente come il vetro… puoi vedere il cuore pompare il sangue attraverso le arterie e perfino il cibo scorrere nell'intestino. È un'alpinista eccezionale e il motivo a macchie sul suo dorso sembra delle uova di rana, aiutandola a mimetizzarsi e confondendo i predatori desiderosi di acciuffare i suoi piccoli per pranzo. Vive nelle foreste pluviali del Sud America nordorientale, i maschi squittiscono per mettere in guardia gli intrusi e scalciano o lottano per dimostrare quale rana è il re.

ESISTONO PIÙ DI 200 SPECIE DI RANE — **LC**

AQUILA ARPIA

Harpia harpyja

CLASSE: uccello **DIETA:** carnivora
APERTURA ALARE: fino a 2,2 m **PESO:** fino a 10 kg

Nota come l'aquila più potente del mondo (e la più grande delle Americhe), l'aquila arpia ha le zampe più grosse e i suoi artigli possono raggiungere i 13 cm: sono più lunghi di quelli dell'orso grizzly. Può anche raggiungere velocità incredibili, fino a 80 km/h quando insegue una preda. Riesce perfino a volare dritta come un elicottero, attaccando sia dall'alto che dal basso. Grazie al suo aspetto teatrale, quest'aquila ha ispirato la fenice Fanny nella serie dei film di *Harry Potter*.

È UN SUPERPREDATORE — **NT**

BRADIPO VARIEGATO

Bradipus variegatus

CLASSE: mammifero **DIETA:** erbivoro
LUNGHEZZA: fino a 75 cm **PESO:** fino a 6,5 kg

Riusciresti a dormire a testa in giù per 20 ore al giorno? Il bradipo variegato sì. L'animale più dormiglione e lento del mondo raggiunge una velocità massima di 0,24 km/h. È anche molto abile ad arrampicarsi sui rami e rimane immobile per così tanto tempo, che alghe e funghi crescono sulla sua pelliccia: si mimetizza perfettamente tra le foglie. Una volta alla settimana, il bradipo scende a terra per fare la cacca… fino a un terzo del suo peso corporeo! Questo bradipo può girare la testa di ben 270°, mentre tu riesci a farlo solo di 90°.

I BRADIPI SONO ABILI NUOTATORI — **LC**

UAKARI CALVO

Cacajo calvus

CLASSE: mammifero **DIETA:** onnivoro
LUNGHEZZA: fino a 57 cm **PESO:** fino a 3,5 kg

L'uakari ha il taglio mullet e la pelliccia come una rockstar. Il muso del maschio non è rosso perché ha fatto festa, ma per il sangue che scorre sottopelle. Più è rosso, più è sano (e più attraete per le rockstar femmine). A differenza della maggior parte delle scimmie, la sua coda è tozza: è lunga solo 15 cm. Usa i denti simili ad artigli per aprire la frutta, cibo che in realtà preferisce (forse come te), ma a volte mangia anche gli insetti (forse come te?). Questa scimmia acrobatica e socievole comunica muovendo la coda.

PUÒ PERCORRERE FINO A 4,8 KM AL GIORNO — **VU**

CAPIBARA

Hydrochoerus hydrochaeri

CLASSE: mammifero **DIETA:** erbivoro
LUNGHEZZA: fino a 1,3 m **PESO:** fino a 50 kg

Il capibara assomiglia a un maiale, un castoro, un ippopotamo, una mucca, un cavallo e un cammello, ma in realtà è un parente stretto del porcellino d'India. È il roditore più grande del mondo e un grande nuotatore, dorme persino nell'acqua, appoggiando la testa sulla riva del fiume. Ogni mattina, insieme alle piante acquatiche e alle erbe, mangia le sue stesse feci! Ricce di proteine e appetitose, contengono microbi che scompongono la materia vegetale difficile da digerire. Come un cammello, il capibara mastica da un lato all'altro. Come una mucca, rumina e, come un cavallo, può correre fino a 35 km/h.

VIVE IN GRUPPO — **LC**

CAMPIONE DI CACCIA AI PIPISTRELLI
CENTOPIEDI AMAZZONICO GIGANTE
ANIMALE PIÙ LENTO DEL MONDO
BRADIPO VARIEGATO
PANCIA PIÙ TRASPARENTE
RANA DI VETRO
UAKARI CALVO
SCIMMIA CON IL MUSO MENO PELOSO
AQUILA PIÙ POTENTE
AQUILA ARPIA
RODITORE PIÙ SIMILE A UN IPPOPOTAMO
CAPIBARA

CAMPIONESSA DI PICCOLI VIVI
ENYALIOIDES ALTOTAMBO
OCCHIALI PIÙ ALLA MODA
ORSO DAGLI OCCHIALI
IL PIÙ MORBIDO
SPUTO PIÙ POTENTE
LAMA
CINCILLÀ
MENO BATTITI DI ALI
MAMMIFERO TERRESTRE NATIVO PIÙ GRANDE
CONDOR DELLE ANDE
TAPIRO DI MONTAGNA

Montagne

ENYALIOIDES ALTOTAMBO

Enyalioides altotambo

CLASSE: mammifero **DIETA:** onnivora
LUNGHEZZA: fino a 40 cm

Questa lucertola assomiglia a un incrocio tra un'iguana, un camaleonte... e Godzilla. Vive nei fiumi e sui rami degli alberi delle foreste nebulose dell'Ecuador, dove la Foresta Pluviale Amazzonica cede terreno alla Cordigliera delle Ande. Quando le temperature scendono fino a 10º C, può essere freddo per una creatura a sangue freddo e gli scienziati si chiedono come faccia a stare al caldo. Le uova di lucertola hanno bisogno di calore per svilupparsi quindi, in modo del tutto naturale, questa straordinaria lucertola si è evoluta per far nascere piccoli vivi: davvero intelligente!

HA UNA CRESTA DORSALE SPINOSA — **VU**

ORSO DAGLI OCCHIALI

Tremarctos orantus

CLASSE: mammifero **DIETA:** onnivoro
LUNGHEZZA: fino a 1,8 m **PESO:** fino a 150 kg

Questa creatura pelosa è l'unico orso selvatico del Sud America e vive nella giungla andina. Trascorre la maggior parte del tempo sugli alberi, utilizza ramoscelli per costruire una piattaforma dove dormire proprio accanto a una sorta di fruttivendolo (bacche, bacche fresche!). Usa questa piattaforma per dormire e aspettare pazientemente, per giorni e giorni, che i frutti maturino. Molto timido, l'orso dagli occhiali ha ispirato un certo orso originario della giungla del Perù più profonda e oscura, protagonista di alcuni libri: Paddington. Sembra che porti gli occhiali per i segni circolari sul muso!

È UN ANIMALE SOLITARIO — **VU**

LAMA

Lama glama

CLASSE: mammifero **DIETA:** erbivora
LUNGHEZZA: fino a 1,6 m **PESO:** fino a 200 kg

Il lama è un parente hippy del cammello, con lunghe ciglia e uno splendido pelo lungo. Una femmina canticchia al suo piccolo, chiamato cria, mentre il maschio sorveglia il gregge. In caso di pericolo, fa un verso come un cavallo! Il lama è protettivo, intelligente e socievole, e a volte viene usato come animale da terapia per l'uomo, ma è bene tenersi a distanza. Se arrabbiato, il lama può sputare fino a 4,5 metri! I lama selvatici non esistono più: addomesticati nelle Ande peruviane migliaia di anni fa, sono utilizzati per la loro lana e per trekking in montagna.

UN GRUPPO DI LAMA È UN GREGGE — **LC**

CINCILLÀ

Chinchillia chinchilla

CLASSE: mammifero **DIETA:** onnivoro
LUNGHEZZA: fino a 35 cm **PESO:** fino a 800 g

Questa creatura affettuosa e socievole somiglia a un coniglio con le orecchie rotonde, ma in realtà è imparentato con l'istrice e il porcellino d'India. Questa adorabile palla di pelo è stata cacciata fino a sfiorarne l'estinzione per la sua pelliccia morbida, la più folta di tutti i mammiferi terrestri. Gli esseri umani hanno per lo più un pelo per follicolo, ma il cincillà ne ha fino a 90! Nessun parassita sopravvive, la pelliccia è troppo folta: persino le pulci soffocherebbero. Se catturato da un predatore, rilascia una parte della pelliccia, lasciando al predatore nient'altro che una manciata di peli.

È STRETTAMENTE MONOGAMO — **EN**

TAPIRO DI MONTAGNA

Tapirus pinchaque

CLASSE: mammifero **DIETA:** erbivora
LUNGHEZZA: fino a 1,8 m **PESO:** fino a 250 kg

È un maiale? Un formichiere? No, il tapiro di montagna è solo il più grande mammifero antico, relativamente immutato per milioni di anni. Vive sulle Ande, è un parente stretto dei cavalli, ma ha un muso simile a quello di un elefante, che in realtà è la combinazione di naso e labbro superiore. Ama stare in acqua e si immerge in profondità per cibarsi di piante. Se spaventato, può anche nascondersi in acqua e usare il muso come un boccaglio! Con il suo manto morbido e striato, che gli permette di mimetizzarsi, un cucciolo di tapiro sembra proprio un cocomero peloso con le zampe.

È UN ANIMALE TIMIDO — **EN**

CONDOR DELLE ANDE

Vulturus gryphus

CLASSE: uccello **DIETA:** carnivoro
APERTURA ALARE: fino a 3,2 m **PESO:** fino a 15 kg

Considerando il peso e l'apertura alare, il condor delle Ande è l'uccello volante più grande del mondo ma, con il collare di piume bianche e la testa calva, potrebbe davvero sembrare un nobile del XV secolo. Questo imponente uccello plana grazie alle correnti d'aria termiche e sbatte le ali solo per l'1% del tempo. Come altri condor, fa pipì sulle proprie zampe per raffreddarsi. Il suo becco uncinato è perfetto per fare a pezzi gli animali in decomposizione... e anche se fa venire il voltastomaco, con questo banchetto mantiene pulito l'ambiente.

RAGGIUNGE ALTEZZE VERTIGINOSE — **NT**

Zone costiere

IGUANA ROSA
Conolophus marthae

CLASSE: rettile **DIETA:** onnivora
LUNGHEZZA: fino a 1,1 **PESO:** fino a 5 kg

Questa iguana terrestre, in pericolo di estinzione, sa come vivere spericolatamente. Vive sotto il bagliore del vulcano Wolf, la vetta più alta delle Isole Galápagos, che ricopre una piccola porzione di 25 km2 dell'isola Isabela situata a nord. Scoperta nel 1986, gli scienziati ritengono che si sia separata da altre specie di iguana circa 1,5 milioni di anni fa, e oggi sull'isola ne sono rimaste meno di 200 esemplari; tra le minacce ci sono falchi, gatti selvatici, ratti e il vulcano attivo che sovrasta l'isola. Il colore rosa di questa iguana è in realtà dovuto al sangue che scorre sottopelle.

È UN SIMBOLO DELLE GALÀPAGOS — **CR**

CIMICE TRIATOMINA
Triatoma infestans

CLASSE: invertebrato **DIETA:** carnivora
LUNGHEZZA: fino a 35 mm

Chiamata winchuka dai locali, la cimice triatomina è una creatura da non sbaciucchiare. Questo piccolo vampiro mira ai mammiferi: prima inietta la saliva nella pelle per assottigliare il sangue della vittima poi, mentre succhia il suo pranzo raccapricciante, da piatta e morbida si gonfia. Vive nelle foreste, nei pollai e nelle conigliere, e perfino nelle case. Banchetta sugli abitanti mentre dormono (sì, anche sugli esseri umani) e fa perfino la cacca sopra di loro! Le sue feci possono trasmettere una malattia infettiva detta chagas, che può essere letale se non curata.

È UN'ASSASSINA SPIETATA — **LC**

TESTUGGINE GIGANTE DELLE GALÀPAGOS
Chelonidis niger

CLASSE: rettile **DIETA:** erbivora
LUNGHEZZA: fino a 1,5 m **PESO:** fino a 200 kg

La tartaruga più grande del mondo è arrivata alle Isole Galápagos circa 3 milioni di anni fa. Si crogiola al sole fino a 15 ore al giorno e può resistere un anno senza bere né mangiare! Questa tartaruga può sembrare pesante, ma il suo guscio è piuttosto leggero e al suo interno ha una struttura ad alveare con camere d'aria. Ha perfino un servizio di pulizia: gli uccelli si appollaiano sul suo guscio e tirano fuori gli acari dalle pieghe. L'esemplare più vecchio, George, ha spento ben 152 candeline sulla torta. È morto in cattività nel 2012.

VIVE IN GRUPPO — **VU**

PINGUINO DI HUMBOLDT
Sphenicus humboldti

CLASSE: uccello **DIETA:** carnivoro
DIMENSIONI: fino a 70 cm **PESO:** fino a 5 kg

Questo pinguino coraggioso costruisce nidi in cima alle scogliere usando detriti e, tieniti forte, cacca di uccelli marini! Per andare dal nido all'oceano, scivola giù lungo le pareti delle scogliere, poi scavalca intrepido i leoni marini che si crogiolano al sole sugli scogli. Grazie al corpo a forma di siluro, il pinguino di Humboldt può nuotare fino a 48 km/h e immergersi fino a una profondità di 152 m. Per vedere a queste profondità usa una palpebra extra trasparente, tipo un paio di occhiali naturali. Dopo una dura giornata di pesca, ritorna al nido scalando la scogliera con gli artigli delle zampe palmate.

I PINGUINI CAMMINANO DONDOLANDO — **VU**

LONTRA MARINA
Enhydris lutris

CLASSE: mammifero **DIETA:** onnivora
ALTEZZA: fino a 1,15 **PESO:** fino a 5,5 kg

La lontra marina è un animale raro ed è il mammifero marino più piccolo del mondo. Vive lungo le coste dell'Oceano Pacifico meridionale, dalla cima verso la punta più a sud, e trascorre la maggior parte del suo tempo nell'oceano, nascondendosi e riproducendosi tra gli scogli. Con baffi rigidi e zampe palmate, proprio come le anatre, i suoi piccoli imparano giocando e adorano essere trasportati sulla pancia della madre. Per proteggersi dall'acqua gelida, questa lontra ha anche la pelliccia più folta del mondo. Spiacente, cincillà.

PROTETTA DA CONVENZIONE INTERNAZIONALE — **EN**

FENICOTTERO DEL CILE
Phoenicopterus chilensis

CLASSE: uccello **DIETA:** onnivoro
APERTURA ALARE: fino a 1,3 m **PESO:** fino a 3,5 kg

Questo uccello rosa come una caramella vive in grandi gruppi, detti colonie, dalle pianure costiere alle montagne della Cordigliera delle Ande, ed è anche un grande nuotatore e un potente aviatore. Per pranzo, questi fenicotteri mangiano con il becco capovolto, filtrando il cibo con una struttura al suo interno simile a un pettine. I pigmenti di certi invertebrati e alghe gli colora le piume di rosa... sei quello che mangi! Questa specie del Cile si è adattata alle rigide temperature delle montagne e, come latri fenicotteri, sta su una zampa sola per conservare il calore.

È UN UCCELLO MIGRATORE — **NT**

IGUANA... PIÙ ROSA
IGUANA ROSA
NIDO PIÙ DISGUSTOSO
PINGUINO DI HUMBOLDT
PEGGIOR BACIATORE DEL MONDO
CIMICE TRIATOMINA
MAMMIFERO MARINO PIÙ PICCOLO DEL MONDO
LONTRA MARINA
PIUME PIÙ ROSA
FENICOTTERO DEL CILE
TARTARUGA PIÙ GRANDE DEL MONDO
TESTUGGINE GIGANTE DELLE GALÀPAGOS

PESCE PIÙ INSAZIABILE
PIRANHA ROSSO
ROSSORE PIÙ SCURO DEL MONDO
BONTO
SERPENTE PIÙ PESANTE DEL MONDO
ANACONDA VERDE
FELINO PIÙ AMANTE DELL'ACQUA
GIAGUARO
TESTA PIÙ SIMILE A UNA FOGLIA
MATA MATA
ALLIGATORE PIÙ... NERO
CAIMANO NERO

Fiumi e laghi

ANACONDA VERDE

Eunectes murinus

CLASSE: rettile **DIETA:** carnivora
LUNGHEZZA: fino a 9 m **PESO:** fino a 250 kg

L'anaconda verde è il serpente più pesante del mondo, con una circonferenza di ben 30 cm. Lento sulla terraferma, è veloce ed elegante in acqua, avvolge il suo corpo attorno alla vittima più grande che riesce a trovare e la stringe fino a soffocarla. Le incredibili mandibole di questo serpente possono aprirsi così tanto da inghiottire anche l'animale più grande. Dopo un buffet tutto a volontà, può stare per mesi senza mangiare un solo boccone. I piccoli nascono vivi dalle uova e, lunghi quasi 60 cm, sono già in grado di nuotare e cacciare!

PUÒ STARE A LUNGO SOTT'ACQUA — **LC**

PIRANHA ROSSO

Pygocentrus nattereri

CLASSE: pesce **DIETA:** onnivoro
LUNGHEZZA: fino a 35 cm **PESO:** fino a 3 kg

È il piranha più feroce del Rio delle Amazzoni e questa specie dal ventre rosso ha mascelle forti e i famosi denti affilati e intrecciati tipo forbici per tagliare il cibo. Se perde i denti, ricrescono, proprio come per gli squali. Sebbene preferisca prede di piccole dimensioni, a volte questo piranha può cacciare in banchi di 100 o più pesci. Un esploratore trova la preda, poi ogni pesce la morde e si allontana per fare spazio agli altri. Che creatura educata! Nell'antica lingua Tupì del Brasile, la parola "piranha" significa "che ha molti denti".

IL SUO PICCOLO È UN AVANNOTTO — **LC**

BONTO

Inia geoffrensis

CLASSE: mammifero **DIETA:** carnivoro
LUNGHEZZA: fino a 3 m **PESO:** fino a 185 kg

Il bonto è la specie delfino di fiume più grande ed è molto diverso da quello che nuota negli oceani. Primo: è rosa chiaro, la pinna dorsale è inferiore e può ruotare la testa di 90°, proprio come te! Secondo: le lunghe pinne gli permettono di nuotare in cerchi stretti e di guardare meglio il letto del fiume. Riesce perfino a nuotare capovolto. Quando il maschio si eccita, arrossisce come gli esseri umani e diventa rosa acceso! Solo una piccola percentuale dei maschi diventa rosa e sono molto attraenti per le femmine.

È CHIAMATO ANCHE INIA — **EN**

GIAGUARO

Panthera onca

CLASSE: mammifero **DIETA:** carnivoro
LUNGHEZZA: fino a 1,8 m **PESO:** fino a 160 kg

L'unico "gattone" delle Americhe, il giaguaro è il terzo felino più grande del mondo (dopo la tigre e il leone). Date le sue dimensioni, ha il morso più potente di tutti i grandi felini ed è l'unico che riesce a perforare con i denti il cranio delle prede (compreso quello del feroce caimano nero!). Molti felini evitano l'acqua, ma questo campione di nuoto l'adora. È un alpinista eccellente, sale sui rami degli alberi e balza giù, sulla preda. Non stupisce che la parola "giaguaro" significhi "colui che uccide con un balzo".

È UN ABILE NUOTATORE — **NT**

MATA MATA

Chelus fimbriata

CLASSE: rettile **DIETA:** carnivora
LUNGHEZZA: fino a 50 cm **PESO:** fino a 20 kg

È un pezzo di legno? Un mucchio di foglie cadute? La curiosa mata mata è una tartaruga d'acqua dolce dalla testa triangolare simile a una foglia e dal muso lungo simile a un tubo, spesso usato come boccaglio mentre se ne sta acquattata nell'acqua, aspettando le prede. Ha una vista eccellente e lembi sensibili di pelle nel collo che l'aiutano a individuare le prede. Se ne sta tranquilla, aspetta paziente un pesce, poi apre la bocca tanto da creare un vuoto per risucchiarlo. Non mastica, quindi ingoia le prede intere.

LA FEMMINA DEPONE 28 UOVA A PARTO — **LC**

CAIMANO NERO

Melanosuchus niger

CLASSE: rettile **DIETA:** carnivoro
LUNGHEZZA: fino a 5,2 m **PESO:** fino a 454 kg

Il caimano nero è sia la specie più grande di alligatore che il più grosso predatore del bacino del Rio delle Amazzoni. Ha una coda potente e le mascelle sono così forti che possono spaccare con un solo morso il guscio di una grossa tartaruga. È un cacciatore notturno e, grazie alla pelle scura, sparisce del tutto nell'acqua torbida, e i suoi grandi occhi lo aiutano a individuare al buio prede ignare. In passato cacciato quasi fino all'estinzione per la sua pelle, oggi gli esemplari stanno aumentando grazie agli sforzi di conservazione.

CAIMANO CAPACE DI UCCIDERE UN UOMO — **CD**

MARE DI NORVEGIA
OCEANO ATLANTICO
MARE DEL NORD
GOLFO DI BISCAGLIA
MAR MEDITERRANEO
1
2
3
4
5
6
7
8
9
10
11
12
13
14
15
17
20
22
23
24

Europa

Sorvolando l'Europa in mongolfiera, vedresti una strabiliante varietà di paesaggi. Dal nord ghiacciato, con vasti tratti di foresta boreale intatta, alle spiagge del Mediterraneo piene di turisti, l'Europa è costellata di montagne che svettano, altipiani sinuosi e ospita il lago più grande del mondo: il Mar Caspio.

Qui non ci sono gli animali "big five" dell'Africa o le creature curiose del Sud America, ed è uno dei due soli continenti (insieme all'Antartide) che non ha un coccodrillo o un alligatore nativo. Comunque, ha la sua versione dei "big five": il ghiottone, l'orso bruno, la lince, il lupo e il bisonte.

L'Europa ha 5 biomi principali: tundra, prateria, foresta boreale, foresta decidua e macchia mediterranea.

1. .... Salamandra Pezzata
2. .... Lince iberica
3. .... Pernice bianca
4. .... Ghiro
5. .... Camoscio alpino
6. .... Volpe rossa
7. .... Stella serpentina spinosa
8. .... Sfinge del Galio
9. .... Gambero schioccatore
10. .... Foca monaca del Mediterraneo
11. .... Falco pellegrino
12. .... Arenicola marina
13. .... Medusa luminosa
14. .... Biscia d'acqua
15. .... Storione ladano
16. .... Germano reale
17. .... Spatola bianca
18. .... Castoro europeo
19. .... Bombus pratorum
20. .... Strolaga maggiore
21. .... Volpe artica
22. .... Civetta capogrosso
23. .... Pulcinella di mare
24. .... Ghiottone

Montagne e foreste

SALAMANDRA PEZZATA
Salamandra salamandra

CLASSE: anfibio **DIETA:** carnivora
LUNGHEZZA: fino a 25 cm **PESO:** fino a 40 g

Un tempo si pensava che questo anfibio potesse vivere nel fuoco, ma il vero motivo del suo nome inglese (*fire salamander*) deriva dalla leggenda. Si diceva che spruzzasse acido infuocato da dietro gli occhi: un vero e proprio superpotere! In verità trasuda tossine irritanti attraverso la pelle per disturbare i predatori, innocue per gli esseri umani, ma meglio non toccarla. Non ha i polmoni: come respira? Aspira semplicemente l'ossigeno attraverso la pelle umida. Nonostante le dimensioni, può vivere fino a 50 anni

È UN ANIMALE MOLTO VORACE **LC**

LINCE IBERICA
Lynx pardinus

CLASSE: mammifero **DIETA:** carnivora
LUNGHEZZA: fino a 1 m **PESO:** fino a 13 kg

Con un manto maculato, ciuffi di pelo sulle orecchie e un muso da leone, la lince iberica è il felino più in pericolo di estinzione al mondo. Il suo cibo preferito, il coniglio selvatico, ha rischiato l'estinzione, una catastrofe per la lince, che deve mangiarne fino a tre al giorno. Dopo il ripopolamento del coniglio, il numero di linci ha cominciato ad aumentare. La giornata di questo felino è sincronizzata con quella dei conigli: si nasconde nei cespugli al crepuscolo e all'alba, aspettando pazientemente la sua cena. Come tutte le linci, ha una coda piuttosto graziosa e tozza.

HA UNA VISTA MOLTO SVILUPPATA **CR**

PERNICE BIANCA
Lagopus muta

CLASSE: uccello **DIETA:** onnivora
LUNGHEZZA: fino a 36 cm **PESO:** fino a 640 g

La pernice bianca può essere un gallo cedrone, ma vola in stormi come i gabbiani e becca a terra come i polli. Il maschio ha le caruncole rosse, dei "bargigli" gonfiabili, proprio come quelli dei tacchini sul collo. Per tenersi al caldo negli inverni alpini, la pernice bianca indossa una calzamaglia di piume e un paio di soffici pantofole da neve. La maggior parte delle pernici ha due mantelli stagionali ma, come una rockstar, questa specie cambia costume quattro volte: screziato in primavera, marrone in estate, grigio in autunno e bianco in inverno.

IL SUO NOME SIGNIFICA "PIEDE DI LEPRE" **LC**

GHIRO
Glis glis

CLASSE: mammifero **DIETA:** onnivoro
LUNGHEZZA: fino a 20 cm **PESO:** fino a 180 g

Il classico ghiro delle favole non è in realtà un topo, ma piuttosto un roditore che assomiglia a uno scoiattolo. Vive nei boschi e si aggira tra gli alberi con le sue caviglie dalla doppia articolazione, ma non scende quasi mai a terra. La coda costituisce l'80% della lunghezza del suo corpo e può anche staccarla per evitare un predatore (non preoccuparti, ricrescerà). Il ghiro trascorre il 75% della sua vita dormendo e può andare in letargo fino a 11 mesi all'anno! Infatti, esiste il detto "dormire come un ghiro".

LA FEMMINA HA UN PARTO ALL'ANNO **LC**

CAMOSCIO ALPINO
Rupicapra rupicapra

CLASSE: mammifero **DIETA:** erbivoro
ALTEZZA: fino a 80 cm alle spalle **PESO:** fino a 60 kg

Anche se assomiglia a un cervo, non è un suo parente: fa parte della famiglia dei Bovidi, pecore, capre e antilopi, ed è un esperto scalatore di montagne. I cuscinetti ruvidi sotto le zampe gli permettono di arrampicarsi e la sua pelliccia forma uno spesso mantello per tenerlo al caldo durante i gelidi inverni alpini. Sia i maschi che le femmine hanno corna ricurve usate per combattere; anche le femmine combattono, cosa insolita nel mondo animale. Le femmine vivono in gruppo per proteggere i loro piccoli, mentre il maschio fa la vita da scapolo, da solo.

È MOLTO FORTE E RESISTENTE **LC**

VOLPE ROSSA
Vulpes vulpes

CLASSE: mammifero **DIETA:** onnivora
DIMENSIONI: fino a 1,46 m) **PESO:** fino a 14 kg

La volpe rossa è la volpe più grande e più diffusa in tutto il mondo. Piena di risorse, intelligente e astuta, vive praticamente ovunque e mangia quasi tutto: piccoli animali, verdure, frutta e vermi. Può anche rovistare tra i rifiuti o rubare i bocconcini al tuo cagnolino! E proprio come un cane, comunica facendo pipì sugli alberi o sulle rocce. I piccoli nascono in una tana ed entrambi i genitori si prendono cura di loro durante l'estate. In inverno, mamma volpe si rannicchia con i suoi cuccioli, usando la coda come una coperta.

VIVE IN COPPIA O IN PICCOLI GRUPPI **LC**

CAMPIONE DI ACIDO INFUOCATO
SALAMANDRA PEZZATA
FELINO PIÙ IN PERICOLO DI ESTINZIONE
LINCE IBERICA
PIÙ CAMBI DI COSTUME
PERNICE BIANCA
RODITORE PIÙ DORMIGLIONE
GHIRO
ALPINISTA ESPERTO
CAMOSCIO ALPINO
ANIMALE PIÙ FURBO
VOLPE ROSSA

BRACCIA PIÙ DELICATE
STELLA SERPENTINA SPINOSA
FALENA PIÙ SIMILE A UN UCCELLO
SFINGE DEL GALIO
INVERTEBRATO PIÙ RUMOROSO DEL MONDO
GAMBERO SCHIOCCATORE
FOCA PIÙ TIMIDA
FOCA MONACA DEL MEDITERRANEO
ANIMALE PIÙ VELOCE DEL MONDO
FALCO PELLEGRINO
ESCA PIÙ USATA PER PESCARE
ARENICOLA MARINA

Zone costiere

STELLA SERPENTINA SPINOSA

Ophiothrix fragilis

CLASSE: invertebrato **DIETA:** carnivora
LUNGHEZZA: fino a 7,6 cm

Questo curioso parente della stella marina ha un corpo simile a un disco, con cinque braccia ricoperte di squame sovrapposte e aculei simili al vetro. Può staccare le braccia come esca contro i predatori, tanto ricresceranno. Si muove allungando due braccia in avanti e trascinandosi. Si riunisce in gruppi di diverse migliaia di esemplari, che ricoprono vasti tratti di fondale marino come un tappeto subacqueo appuntito. È uno spazzino importante: ripulisce e gli adulti aiutano persino i piccoli a trovare il cibo! Questa fragile creatura può vivere fino a 10 anni

VIVE FINO A 500 METRI DI PROFONDITÀ — **LC**

GAMBERO SCHIOCCATORE

Alpheus glaber

CLASSE: invertebrate **DIETA:** onnivoro
LUNGHEZZA: fino a 6,5 cm

Con un corpo grande circa quanto un dito umano, questa vivace piccola creatura ha artigli asimmetrici: uno di essi è così grande che è lungo la metà del corpo. Quando viene chiusa sbattendola velocissima, questa chela crea una bolla esplosiva che fa un rumore assordante (210 decibel), più forte di un colpo di pistola! Anche questa bolla surriscalda l'acqua per meno di un millisecondo, raggiungendo temperature pari a quelle della superficie del sole (5500° C). Inutile dire che la preda di questo gambero è fritta!

CAMBIA CORAZZA DURANTE LA CRESCITA — **NE**

FALCO PELLEGRINO

Falco peregrinus

CLASSE: uccello **DIETA:** carnivoro **APERTURA ALARE:** fino a 1,2 m con apertura alare **PESO:** fino a 1,5 kg

Quale uccello è più veloce di un'auto da corsa? Il falco pellegrino scende in picchiata fino a 389 km/h ed è ufficialmente l'animale più veloce del pianeta. Tali velocità danneggerebbero i polmoni della maggior parte degli animali, ma i noduli sulle sue narici gli permettono di respirare nel cambio di pressione dell'aria. Per proteggere gli occhi, ha un paio di palpebre trasparenti tipo occhiali da aviatore. Questo falco caccia quasi esclusivamente uccelli, afferrandoli in volo! Può vedere la luce ultravioletta e individuare le prede a 3 km di distanza.

ESISTONO CIRCA 40 SPECIE DI FALCHI — **LC**

SFINGE DEL GALIO

Macroglossum stellatarum

CLASSE: invertebrato **DIETA:** erbivora
LUNGHEZZA: fino a 5,8 cm **PESO:** fino a 6 g

Questa piccola falena sembra più un colibrì che un insetto (in inglese è *hummingbird hawk-moth*). Il suo lungo addome sembra addirittura una piuma della coda! Sbatte le ali così velocemente (80 volte al secondo!) che in realtà ronzano. Questa falena si nutre dispiegando la proboscide arricciata, che è abbastanza lunga da raggiungere il nettare che la maggior parte delle altre creature non riesce a prendere. Ronzando a una velocità fino a 19 km/h, questa falena ha una ottima memoria e torna ogni giorno nelle stesse aiuole, librandosi e ronzando di fiore in fiore.

SI NUTRE AL CREPUSCOLO — **LC**

FOCA MONACA DEL MEDITERRANEO

Monachus monachus

CLASSE: mammifero **DIETA:** carnivora
LUNGHEZZA: fino a 2,4 m **PESO:** fino a 400 kg

Incredibilmente timida partorisce in grotte oceaniche segrete e remote, dove si entra soltanto attraverso un ingresso subacqueo. Questo tipo di parto in grotta può essere difficile per la madre e il piccolo, che vi rimangono all'interno fino a sei settimane (e la madre non mangia affatto durante questo periodo). Quando infine escono dalla grotta, il cucciolo svezzato deve affrontare le pericolose onde dell'oceano. Non c'è da stupirsi che questa foca in pericolo di estinzione sia il pinnipede più raro al mondo: ne restano meno di 700.

UN GRUPPO DI FOCHE È UN BRANCO — **EN**

ARENICOLA MARINA

Arenicola marina

CLASSE: invertebrato **DIETA:** onnivora
LUNGHEZZA: fino a 23 cm **PESO:** fino a 142 g

Comunemente presente sulle spiagge, questo verme marino molto impegnato scava una tana con due aperture: un buco per la testa e uno per gli escrementi (feci). Quando tira fuori la coda per defecare, può essere pizzicata dagli uccelli, ma niente paura: ricrescerà. L'arenicola svolge un ruolo vitale: il suo scavare, infatti, arieggia la sabbia e rilascia sostanze nutritive, così che altre creature possano prosperare. Costituisce quasi un terzo della biomassa del a sabbia costiera e in un metro quadrato possono esserci fino a 150 vermi.

IL SUO PICCOLO È UNA LARVA — **LC**

Fiumi e laghi

MEDUSA LUMINOSA

Pelagia noctiluca

CLASSE: invertebrato **DIETA:** carnivora
DIAMETRO OMBRELLO: fino a 10 cm
LUNGHEZZA: 36 cm tentacoli compresi

Tutte le parti di questa medusa sono urticanti, perfino l'ombrello (il corpo), cosa insolita per una medusa. Sebbene non sia letale, le sue punture sono dolorose. I suoi cirri scattano così velocemente che possono perforare il guscio di un granchio, e il dolore provocato da una puntura può passare dopo due settimane. Una volta è stato visto un polpo astuto tenerne una tra i tentacoli per difendersi! Questa piccola creatura si muove in gruppi numerosi che fluttuano, con alcuni sciami che si estendono per 45 km. È bioluminescente: si illumina al buio.

UN GRUPPO DI MEDUSE È UNO SCIAME **LC**

BISCIA D'ACQUA

Natrix natrix

CLASSE: rettile **DIETA:** onnivora
LUNGHEZZA: fino a 1,5 m **PESO:** fino a 240 g

La biscia d'acqua vive vicino, appunto, all'acqua perché il suo spuntino preferito sono gli anfibi. Va alla ricerca di rane alzando la testa come un periscopio e può stare sott'acqua fino a 20 minuti. Poiché non è velenosa (e non ha zanne), si difende rilasciando un orribile puzza dal sedere, sufficiente a far sì che qualsiasi predatore rinunci a una cena a base di biscia. È anche una brava attrice: può fingersi morta, mettendosi a pancia in giù, roteando gli occhi, tirando fuori la lingua e facendosi uscire il sangue dal naso!

È INNOCUA PER L'UOMO **LC**

STORIONE LADANO

Huso huso

CLASSE: pesce **DIETA:** carnivoro
LUNGHEZZA fino a 4,5 m **PESO:** fino a 1,6 tonnellate

Con la coda da squalo, i baffi simili a barbigli sul naso e piastre simili a quelle di un dinosauro al posto delle squame, questo pesce protetto è un antico cimelio: infatti, lo storione nuotava insieme ai dinosauri 200 milioni di anni fa. È il pesce d'acqua dolce più grande del mondo, può vivere fino a 100 anni e continua a crescere per tutta la vita. Purtroppo, oggi gli storioni anziani sono rari a causa della richiesta per le sue uova, dette caviale, uno dei cibi più costosi del mondo. Questo antico pesce è cacciato quasi all'estinzione per le preziose uova.

È UN PESCE MIGRATORE **CR**

GERMANO REALE

Anas platyrhynchos

CLASSE: uccello **DIETA:** onnivoro
LUNGHEZZA: fino a 65 cm **PESO:** fino a 1,6 kg

Questo bellissimo uccello è l'anatra più diffusa sulla Terra. Il maschio ha il classico becco giallo, la testa verde acceso e il collare bianco, ma sia i maschi che le femmine hanno delle piume blu iridescenti sulle ali. Il germano reale scuote il becco nell'acqua: si nutre sulla superficie e non si immerge sott'acqua. Non ha vasi sanguigni o nervi nelle sue zampe palmate, così da evitare che si congelino nelle acque gelate durante l'inverno. È un uccello vivace e rumoroso, anche le sue ali emettono un fischio quando si alza in volo.

È CHIAMATO ANCHE ANATRA SELVATICA **LC**

SPATOLA BIANCA

Platalea leucorodia

CLASSE: uccello **DIETA:** onnivora
LUNGHEZZA:95 cm **PESO:** fino a 24 kg

Con gli occhi rossi e il becco a spatola, questo uccello cerca il cibo nei litorali fangosi poco profondi, muovendo il becco da una parte all'altra per afferrare bocconcini di pesce e frammenti di piante. Il suo becco è così sensibile da riuscire a individuare anche le prede più piccole. A eccezione dello schiocco del becco, è per lo più silenzioso, ma fa un verso simile a una tromba durante la stagione riproduttiva. I pulcini hanno il becco corto e dritto che, crescendo, diventa a forma di cucchiaio. In inverno, questo uccello migra attraverso Europa, Asia e Africa occidentale: un viaggio di due mesi.

IN ITALIA È MOLTO RARA **LC**

CASTORO EUROPEO

Castor fiber

CLASSE: mammifero **DIETA:** erbivoro
DIMENSIONI: fino a 1,1 m **PESO:** fino a 40 kg

Il castoro europeo è uno dei roditori più grandi del mondo e vive in unità familiari, proprio come gli esseri umani. È un vero urbanista, costruisce dighe, tane e canali elaborati. Immagazzina perfino il cibo in un "freezer" sott'acqua. Quando il ghiaccio si scioglie, il castoro si immerge per attingere alle sue scorte invernali di cibo. I suoi denti possono sembrare arancioni, ma non si è dimenticato di lavarli! Il colore è dato dal livello alto di ferro nello smalto dei suoi denti, che li indurisce permettendogli così di rosicchiare tutto quel legno.

NASCE CON GLI OCCHI SEMICHIUSI **LC**

MEDUSA EUROPEA PIÙ URTICANTE
MEDUSA LUMINOSA
BISCIA D'ACQUA
OSCAR PER LA MIGLIOR ATTRICE
ANATRA PIÙ DIFFUSA AL MONDO
GERMANO REALE
PESCE D'ACQUA DOLCE PIÙ GRANDE DEL MONDO
STORIONE LADANO
BECCO PIÙ A CUCCHIAIO
SPATOLA BIANCA
MIGLIOR URBANISTA
CASTORO EUROPEO

BOMBUS PRATORUM
APE PIÙ AGGRESSIVA
CAMMINATA PIÙ BUFFA
STROLAGA MAGGIORE
CAMPIONESSA DI CACCIA DIURNA
MANTO PIÙ CALDO
VOLPE ARTICA
CIVETTA CAPOGROSSO
DECOLLO PIÙ BUFFO
PULCINELLA DI MARE
GHIOTTONE
SPAZZINO PIÙ PELOSO

Regioni polari

BOMBUS PRATORUM

Bombus pratorum

CLASSE: invertebrato **DIETA:** erbivora
LUNGHEZZA: fino a 17 mm

Ogni anno, questa piccola ape gialla è spesso la prima a essere avvistata: esce dal letargo alla fine dell'inverno. Più piccola della maggior parte delle api, ha una proboscide corta e quindi preferisce fiori aperti come il cardo e il trifoglio. Può sbattere le ali fino a 130 volte al secondo, consentendole di "impollinare ronzando": si appoggia su un fiore e la vibrazione delle ali rilascia il polline. La maggior parte delle api utilizza feromoni per comunicare e tenere sotto controllo le altre api, ma la regina dei bombi ama comandare dando testate alle sue operaie!

UN GRUPPO DI BOMBI È UNA MOTO — **LC**

STROLAGA MAGGIORE

Gavia immer

CLASSE: Uccello **DIETA:** onnivora **APERTURA ALARE:** fino a 1,5 m di apertura alare **PESO:** fino a 5,5 kg

Questo uccello si muove in modo buffo, scivolando sulla pancia e spingendosi in avanti con le zampe, ma in acqua è una professionista. Cattura e inghiotte la maggior parte del cibo per intero sott'acqua, tenendo la testa dritta, come un serpente. Vola, a 120 km/h, e quando atterra sull'acqua sfiora la superficie con la pancia, come un idrovolante! La strolaga maggiore ha molti richiami diversi ed è soprattutto conosciuta per il suo lamento ossessivo simile a quello di un fantasma. Questo uccello acquatico migra a svernare solo o in piccoli gruppi. Ha occhi rossi in estate e grigi d'inverno.

È UN UCCELLO MIGRATORE — **LC**

VOLPE ARTICA

Vulpes lagopus

CLASSE: mammifero **DIETA:** onnivora
LUNGHEZZA: fino a 1 m **PESO:** fino a 9,5 kg

L'unico mammifero terrestre originario dell'Islanda, la volpe artica può sopravvivere a temperature fino a -58° C. Scava delle gallerie nei cumuli di neve, si avvolge con la coda tipo coperta e il mantello a più strati, considerato il più caldo di tutti i mammiferi. In inverno, il suo manto marrone diventa bianco candido. Questa volpe è in grado di mantenere calde le zampe aumentando automaticamente il flusso sanguigno. Eccellente scavatrice, sotterra le uova d'oca per mangiarle in futuro e crea tane con più spazi utilizzate da molte generazioni.

I SUOI PICCOLI NASCONO CIECHI — **LC**

CIVETTA CAPOGROSSO

Aegolius funereus

CLASSE: uccello **DIETA:** carnivora **APERTURA ALARE:** fino a 60 cm con apertura alare **PESO:** fino a 195 g

Al Circolo Polare Artico, il sole può splendere per sei lunghi mesi, per cui questo predatore notturno è spesso costretto a cacciare alla luce del giorno (ecco perché ha gli occhi gialli). Dotata di un udito eccezionale, la civetta capogrosso muove la testa da una parte all'altra, ascoltando con attenzione i movimenti sotto la neve. Con grande precisione, si avvicina silenziosa, poi affonda gli artigli nella neve, afferrando il pranzo da asporto. Il maschio attira la femmina trovando un nido e lasciandoci del cibo all'interno. Lei potrebbe fare un salto e, se le piace, resterà.

IL SUO CANTO È UDIBILE FINO A 2 KM — **LC**

PULCINELLA DI MARE

Fratercula arctica

CLASSE: uccello **DIETA:** carnivoro
LUNGHEZZA: fino a 30 cm **PESO:** fino a 0,5 kg

Più della metà della popolazione dei pulcinella di mare vive in Islanda o nelle sue vicinanze. Questo uccello simile a un pinguino passa la maggior parte della sua vita in mare e va a riva solo per mangiare. Può immergersi fino a 60 m usando le ali per "nuotare" sott'acqua, mentre le zampe fanno da timone. In cielo, il pulcinella di mare può raggiungere gli 88 km, sbattendo le ali ben sei volte al secondo. Per decollare, galoppa sulla superficie dell'acqua e fa anche esilaranti atterraggi a pancia in giù. Non c'è da stupirsi che si chiami così in onore della maschera napoletana!

LA FEMMINA DEPONE UN SOLO UOVO — **VU**

GHIOTTONE

Gulo gulo

CLASSE: mammifero **DIETA:** onnivora
LUNGHEZZA: fino a 1 m **PESO:** fino a 25 kg

Nonostante le sue dimensioni, il ghiottone è molto forte e feroce. Con le zampe corte, il corpo muscoloso e la capacità di rilasciare una terribile puzza dal sedere, potrebbe essere chiamato "orso puzzola". A questa creatura piace davvero mangiare: la sua nomenclatura binomiale "gulo gulo" significa "goloso" in latino. Può uccidere prede di grandi dimensioni come i cervi, ma preferisce mangiare gli avanzi lasciati dagli altri animali. Ha mascelle potenti e due strani denti superiori rivolti all'indietro, verso la gola, che utilizza per fare a pezzi la carne congelata.

È UN ABILISSIMO ARRAMPICATORE — **VU**

MAR MEDITERRANEO
MAR ROSSO
OCEANO ATLANTICO
BACINO DELL'ANGOLA
1
2
3
4
5
6
7
9
10
11
12
13
15
18
19
20
22
24

Africa

L'Africa ha savane aride e deserti cocenti, ma in realtà è il continente più tropicale di tutti. Inoltre, si estende lungo tutti i quattro emisferi (boreale, australe, orientale e occidentale).

La savana ricopre quasi metà Africa ed è la casa delle creature iconiche che tutti noi conosciamo bene, come leoni, elefanti, giraffe e zebre. Il Deserto del Sahara a nord ricopre un terzo del continente ed è la casa degli animali che amano il caldo, come il Crocodylus suchus, lo scarabeo stercorario e il dromedario.

I grandi laghi africani a est sono un paradiso per gli uccelli acquatici e per i famigerati ippopotami, con giungle rigogliose al centro del continente che offrono un rifugio a un sacco di animali, tra cui il pangolino gigante e lo scimpanzé, il nostro parente vivente più stretto.

L'Africa ha quattro biomi principali: savana, prateria, deserto e foresta tropicale.

1 .... Scarabeo sacro
2 .... Dromedario
3 .... Vipera della sabbia
4 .... Suricato
5 .... Addax
6 .... Struzzo
7 .... Scimpanzé
8 .... Camaleonte orecchiuto
9 .... Pangolino gigante
10 .... Conraua derooi
11 .... Turaco azzurro gigante
12 .... Scarabeo Golia reale
13 .... Elefante africano
14 .... Uccello segretario
15 .... Ghepardo
16 .... Pitone di Seba
17 .... Giraffa
18 .... Rinoceronte nero
19 .... Becco a scarpa
20 .... Gnu striato
21 .... Pesce polmonato africano
22 .... Ippopotamo
23 .... Egretta nera
24 .... Lichi

Deserti

SCARABEO SACRO
Scarabaeus sacer

CLASSE: invertebrato **DIETA:** onnivoro
LUNGHEZZA a 3 cm **PESO:** fino a 2 g

Mangeresti la cacca per vivere? Lo scarabeo sacro lo fa! Come lo scarabeo stercorario, forma palline di cacca che sotterra per poi cibarsene. La femmina in realtà usa la sua palla di cacca per deporvi un singolo uovo e, quando la larva si schiude, il suo primo pasto è lo sterco. Più fresco è lo sterco, meglio è, perché questo coleottero ama succhiarne il succo! È il pulitore per eccellenza, riduce il numero di mosche e crea un ottimo fertilizzante: un grande beneficio per piante e animali, ma anche per se stesso.

ERA VENERATO DAGLI ANTICHI EGIZI **LC**

DROMEDARIO
Camelus dromedarius

CLASSE: mammifero **DIETA:** erbivoro
LUNGHEZZA: fino a 3 m **PESO:** fino a 600 kg

La gobba del dromedario è una riserva di grasso, che lo aiuta a immagazzinare l'acqua. Può resistere due mesi senza bere e, quando trova l'acqua, può berne dieci secchi in meno di 15 minuti! Lo spesso strato calloso sotto le zampe le protegge dalla sabbia e il dromedario affronta di petto le tempeste di sabbia grazie a palpebre trasparenti, due file di ciglia e narici richiudibili. Può camminare per 16 ore senza sosta, muovendo contemporaneamente le zampe su un lato. La pelle nera lo aiuta a controllare la temperatura corporea.

IL CAMMELLO, INVECE, HA DUE GOBBE **LC**

VIPERA DELLA SABBIA
Cerastes vipera

CLASSE: rettile **DIETA:** carnivora
LUNGHEZZA: fino a 60 cm

Non avvicinarti a questo serpente paffuto: ha un carattere irascibile e attacca veloce come un lampo. Si nasconde nella sabbia calda per tendere un'imboscata alle prede, dondolando avanti e indietro fino a coprirsi completamente. Può aprire la bocca di quasi 180° e le sue zanne cave possono persino ruotare! Come le altre vipere, anche questa morde la preda e poi la lascia. La preda morsa si allontana e il serpente usa l'olfatto per localizzarla e mangiarla, ma solo una volta morta. La madre depone fino a 25 uova. I piccoli sono velenosi sin dalla nascita.

SI SPINGE FINO A 1.500 M DI ALTITUDINE **LC**

SURICATO
Suricata suricatta

CLASSE: mammifero **DIETA:** erbivoro
LUNGHEZZA: fino a 30 cm **PESO:** fino a 1 kg

Il suricato può essere carino, ma è anche feroce: quando si riunisce in gruppo, questa dolce creatura combatte per il suo territorio e può persino spaventare uno sciacallo. È anche una fantastica guardia del corpo: scruta incessantemente il cielo con la sua impressionante visione periferica e binoculare. Se individua un'aquila, abbaia stridulo per far correre tutti verso la tana. Tra i mammiferi più cooperativi e sociali della Terra, ogni clan è gestito da una femmina. I suricati sono immuni alla maggior parte dei veleni, quindi serpenti e scorpioni sono diventati i loro cibi preferiti.

LA MADRE PARTORISCE FINO 3 CUCCIOLI **LC**

ADDAX
Addax nasomaculatus

CLASSE: mammifero **DIETA:** erbivora
ALTEZZA: fino a 1 alle spalle m **PESO:** fino a 135 kg

Con narici rosse, una barba soffice e un elegante parrucchino, l'addax si è ben adattata alla vita nel deserto. In estate il suo mantello si schiarisce per deviare il sole e si ispessisce in inverno. Gli zoccoli sono piatti e larghi per poter camminare sulla sabbia, ma questo rende difficile sfuggire ai predatori. È molto cacciata, quindi rientra nella top 20 degli animali in pericolo di estinzione sulla Terra. L'addax può non bere per mesi. Nei giorni più caldi, scava una buca poco profonda e si sdraia sulla sabbia più fresca.

HA LE CORNA A SPIRALE **CR**

STRUZZO
Struthio camelus

CLASSE: uccello **DIETA:** onnivoro
ALTEZZA: fino a 2,5 m **PESO:**fino a 145 kg

L'uccello più grande del mondo ha anche gli occhi più grandi di qualsiasi animale terrestre. L'occhio misura 5 cm ed è più grande del cervello! Lo struzzo può correre fino a 70 km/h usando le sue ali come timoni per percorrere 5 m in una sola falcata. Ha tre stomaci e, a differenza di altri uccelli, fa pipì e cacca da buchi diversi. La femmina depone l'uovo più grande di qualsiasi altro animale terrestre: un pulcino di un anno può pesare fino a 45 kg! I suoi lunghi artigli possono uccidere un leone con un solo calcio.

LE SUE ZAMPE HANNO SOLO DUE DITA **LC**

SCARABEO SACRO

DROMEDARIO

SURICATO

VIPERA DELLA SABBIA

STRUZZO

ADDAX

ANIMALE SELVAGGIO PIÙ INTELLIGENTE
SCIMPANZÉ
CAMALEONTE ORECCHIUTO
OCCHI PIÙ PERFORMANTI
PANGOLINO GIGANTE
UNICO MAMMIFERO CON LE SQUAME
TAGLIO PIÙ BIZZARRO
TURACO AZZURRO GIGANTE
CONRAUA DEROOI
TOP 20 IN PERICOLO DI ESTINZIONE
SCARABEO GOLIA REALE
INVERTEBRATO PESO MASSIMO

Giungle

SCIMPANZÉ
Pan troglodytes

CLASSE: mammifero **DIETA:** onnivoro
LUNGHEZZA: fino a 1,7 m **PESO:** fino a 60 kg

Lo scimpanzé è il nostro parente vivente più stretto: condividiamo il 98,8% del DNA. È uno degli animali più intelligenti al mondo, ride, gioca e mostra affetto, proprio come te. È anche uno dei pochi animali che usa degli strumenti: scava con i bastoni, rompe le noci con le pietre e usa le foglie come ombrello! Sceglie anche piante speciali da mangiare per curarsi. Quattro volte più forte di un essere umano, lo scimpanzé può camminare sia a quattro zampe che in posizione eretta e sulle zampe ha un dito opponibile per afferrare le cose, come il pollice della tua mano.

GLI SCIMPANZÉ URLANO — **EN**

PANGOLINO GIGANTE
Smutsia gigantea

CLASSE: mammifero **DIETA:** carnivoro
LUNGHEZZA: fino a 1 m **PESO:** fino a 33 kg

Questa pigna ambulante ha una lingua lunga quanto il suo corpo, perfetta per prendere formiche e termiti. Mentre mangia, chiude le orecchie e il naso per tenere lontani gli insetti. Spesso il pangolino gigante solleva le zampe anteriori e cammina sulle zampe posteriori, usando la coda per mantenersi in equilibrio. È l'unico mammifero a essere ricoperto di vere e proprie squame, e questa corazza di cheratina costituisce il 20% del suo peso. Se minacciato, si arrotola molto rapidamente per formare una palla quasi impenetrabile. Cacciato per secoli, purtroppo resta l'animale più trafficato al mondo.

NON HA I DENTI — **EN**

TURACO AZZURRO GIGANTE
Corythaeola cristata

CLASSE: uccello **DIETA:** onnivoro
LUNGHEZZA: fino a 75 cm **PESO:** fino a 1,2 kg

Con la sua acconciatura a cresta, il turaco azzurro gigante è un uccello buffo. Si muove tra i rami delle foreste pluviali tropicali, scendendo a terra solo per bere o lavarsi. Usa le ali corte e rotonde per saltare e planare da un albero all'altro, mentre il quarto dito della zampa può ruotare del tutto in avanti, consentendogli di afferrare i rami mentre corre. Durante la stagione riproduttiva, le coppie si nutrono a vicenda, poi si inchinano e agitano la coda. I pulcini mangiano foglie rigurgitate... Gnam!

SI NUTRE DI FRUTTI, FOGLIE E FIORI — **LC**

CAMALEONTE ORECCHIUTO
Chamaeleo dilepis

CLASSE: rettile **DIETA:** carnivoro
LUNGHEZZA: fino a 35 cm **PESO:** fino a 130 g

Un camaleonte cambia colore in base alla luce, alla temperatura o all'umore rilassando o tendendo la pelle. È l'unico animale a muovere gli occhi singolarmente, così da avere una visione a 360°, che può anche ingrandire, proprio come una macchina fotografica! La sua lingua appiccicosa, lunga il doppio del corpo, è arrotolata nella parte posteriore della bocca, pronta a schizzare fuori per mangiare un po' di fast food. Quando deve bere, lecca l'acqua o la inala! Le dimensioni dei camaleonti variano da una formica a un cagnolino e, purtroppo, circa il 36% di tutte le specie sono in pericolo di estinzione.

I CAMALEONTI SI MIMETIZZANO — **EN**

CONRAUA DEROOI
Conraua derooi

CLASSE: rettile **DIETA:** carnivora
LUNGHEZZA: fino a 8,4 cm

Questa antica rana si è separata dagli altri anfibi circa 70 milioni di anni fa, il che significa che è imparentata più alla lontana con le altre rane di quanto un pipistrello lo sia con un panda! Sebbene ritenuta estinta, di recente è stata ritrovata in una piccola e isolata zona dell'Africa centro-occidentale. A differenza della maggior parte delle rane, vive perennemente in acqua, crogiolandosi su altopiani lussureggianti con acqua pura e corrente. Ama soprattutto le cascate. Molto sensibile all'inquinamento ai cambiamenti dell'habitat, oggi questa rana è uno dei venti animali più a rischio di estinzione al mondo.

VIVE IN TOGO E IN GANA — **CR**

SCARABEO GOLIA REALE
Goliathus regius

CLASSE: invertebrato **DIETA:** onnivoro
LUNGHEZZA: fino a 11,5 cm **PESO:** fino a 100 g

Lo scarabeo Golia reale è grande, ma la sua larva è la più pesante di tutte le specie di insetti: raggiunge ben 23 cm di lunghezza. Il maschio ha zampe robuste e un imponente corno sulla testa, usato per lottare contro gli altri maschi. Nonostante le sue dimensioni, questo coleottero vola senza problemi. Si nutre principalmente di linfa e frutta, ma anche di piante e animali in decomposizione. Come molti altri insetti, gli adulti muoiono subito dopo l'accoppiamento. È uno degli animali più forti del mondo: può sollevare 850 volte il suo peso corporeo!

GLI ADULTI VOLANO DURANTE IL GIORNO — **LC**

Savana

ELEFANTE AFRICANO
Loxodonta africana

CLASSE: mammifero **DIETA:** erbivoro
ALTEZZA: fino a 4 m alle spalle **PESO:** fino a 9 tonnellate

L'elefante africano è il più grande delle due specie africane (l'elefante di foresta è più piccolo). Il suo tronco è in realtà un enorme naso, con 60.000 muscoli, e le sue zanne sono denti allungati. La zanna più lunga mai misurata era di 3,5 m! Purtroppo, questa magnifica creatura viene ancora braccata per le sue zanne e, in un caso di evoluzione accelerata, oggi alcuni cuccioli nascono senza. È uno degli animali più intelligenti del mondo e il suo cervello è il più grande tra tutti i mammiferi terrestri, con un peso di oltre 5 kg.

GLI ELEFANTI HANNO UN'OTTIMA MEMORIA **EN**

UCCELLO SEGRETARIO
Sagittarius serpentarius

CLASSE: uccello **DIETA:** carnivoro
APERTURA ALARE: fino a 1,3 m **PESO:** fino a 3 kg

L'uccello segretario ha la testa di un'aquila e le zampe di una cicogna, e le sue piume nere sulla testa ricordano le penne d'oca usate dai segretari di un tempo (da qui il suo nome). È il rapace più alto del mondo, ma è anche raro perché caccia a terra e vola di rado. Le abilità di questo uccello nella caccia ai serpenti sono leggendarie. Spesso caccia in coppia e si lancia all'attacco con una potente zampata. Solleva la preda e la sbatte a terra prima di inghiottirla per intero, proprio come fa un serpente!

È CHIAMATO ANCHE SERPENTARIO **VU**

GHEPARDO
Acinonyx jubatus

CLASSE: mammifero **DIETA:** carnivoro
LUNGHEZZA: fino a 1,6 m **PESO:** fino a 75 kg

Il ghepardo è l'animale terrestre più veloce del mondo, in grado di raggiungere i 128 km/h in meno di tre secondi (e ben oltre il limite di velocità locale). È un cacciatore rapido e, grazie ai cuscinetti duri sotto le zampe, proprio come gli pneumatici di un'auto, sterza bruscamente. La maggior parte delle sue cacce fallisce per la gran velocità: il ghepardo si surriscalda rapidamente e deve smettere di correre. È l'unico felino che non può tirare fuori gli artigli e che non sa ruggire (anche se può fare le fusa come un gattino, naturalmente!). Il ghepardo è il grande felino più vulnerabile dell'Africa: oggi è quasi in pericolo di estinzione.

UNICO FELIDE CON ARTIGLI NON RETRATTILI **VU**

PITONE DI SEBA
Python sebae

CLASSE : rettile **DIETA:** carnivoro
LUNGHEZZA: fino a 6 m **PESO:** fino a 12 kg

Il serpente più grande dell'Africa è un ottimo nuotatore. Si nasconde sott'acqua per aspettare la sua preda e, sebbene non sia velenoso, il suo morso è doloroso. Come tutti i pitoni, questa specie uccide per costrizione ed è abbastanza grande da inghiottire coccodrilli (impiega molti mesi per digerirli). In effetti, mangia prede così grandi che può morire mentre le divora, soprattutto se il pranzo è un'antilope con le corna... ahia! A differenza della maggior parte dei serpenti, la femmina del pitone di Seba si arrotola intorno alle uova e le protegge. Questo pitone non va in letargo, ma si assopisce durante la stagione secca.

È PREVALENTEMENTE NOTTURNO **NE**

GIRAFFA
Giraffa camelopardalis

CLASSE: mammifero **DIETA:** erbivora
ALTEZZA: fino a 5,7 m **PESO:** fino a 1,9 tonnellate

Per pompare il sangue al cervello dell'animale più alto del mondo ci vuole un cuore grande, di ben 11 kg e lungo 60 cm. Il collo della giraffa può misurare 2,4 m, ma ha sette vertebre, proprio come gli esseri umani. Non è una gran dormigliona, si appisola meno di due ore al giorno e per lo più in piedi. Un tempo si pensava che la giraffa fosse un incrocio tra un leopardo e un cammello. In effetti, come lui, cammina muovendo due zampe su un lato contemporaneamente. I piccoli nascono più alti della maggior parte degli esseri umani adulti (2 m).

HA UNA VISTA ACUTA **VU**

RINOCERONTE NERO
Diceros bicornis

CLASSE: mammifero **DIETA:** erbivoro **ALTEZZA:** fino a 1,6 m alle spalle **PESO:** fino a 1,4 tonnellate

Il rinoceronte nero è nella top 20 degli animali in pericolo critico di estinzione. Sebbene sia una specie protetta, il 96% della popolazione mondiale è scomparso a causa del bracconaggio. I due corni di questo rinoceronte crescono durante la sua vita: costituiti da migliaia di filamenti di cheratina simili a capelli (come le unghie), possono raggiungere l'incredibile lunghezza di 50 cm (a differenza delle unghie!). Il rinoceronte è un carro armato sulle zampe, può essere aggressivo e caricare a 55 km/h. Ma tollera le bufaghe, degli uccelli che si posano sul suo dorso per banchettare con le zecche.

HA UNA VISTA SCARSA **CR**

ELEFANTE AFRICANO
ANIMALE TERRESTRE PIÙ GRANDE DEL MONDO
UCCELLO SEGRETARIO
LEGGENDARIO CACCIATORE DI SERPENTI
GHEPARDO
ANIMALE TERRESTRE PIÙ VELOCE DEL MONDO
GIRAFFA
ANIMALE PIÙ ALTO DEL MONDO
PITONE DI SEBA
SERPENTE AFRICANO PIÙ LUNGO
RINOCERONTE NERO
ERBIVORO AFRICANO PIÙ IN PERICOLO DI ESTINZIONE

UCCELLO DALL'ASPETTO PIÙ PREISTORICO
BECCO A SCARPA
MIGRATORE PIÙ GRANDE
GNU STRIATO
CAMPIONE DI LETARGO
PESCE POLMONATO AFRICANO
CACCIATORE PIÙ OMBROSO
EGRETTA NERA
ANTILOPE PIÙ FILO... ACQUATICA
LICHI
ANIMALE TERRESTRE DALLA BOCCA PIÙ GRANDE
IPPOPOTAMO

Fiumi e laghi

BECCO A SCARPA
Balaeniceps rex

CLASSE: uccello **DIETA:** carnivoro
LUNGHEZZA: fino a 1,2 m **PESO:** fino a 7 kg

Questo parente dei dinosauri ha un curioso becco a forma di scarpa, il più spesso tra tutti gli uccelli, con bordi affilati come rasoi e un'estremità simile a un chiodo per infilzare la preda. Come i suoi feroci antenati, è in grado di affrontare i coccodrilli, ma è docile con gli esseri umani: scuote la testa, sferraglia il becco e si inchina come un vecchio gentiluomo. Le grandi ali e le ossa cave gli permettono di decollare quasi in verticale e senza far rumore. Può rimanere immobile in acqua per ore, in attesa della preda. Non vincerai mai a una gara di sguardi con questo uccello, quindi non provarci nemmeno.

ENTRAMBI I GENITORI COVANO LE UOVA — **VU**

GNU STRIATO
Connochaetes taurinus

CLASSE: mammifero **DIETA:** erbivoro
LUNGHEZZA: fino a 2,4 m **PESO:** fino a 290 kg

È un cavallo, un cervo, un toro? No, in realtà lo gnu è un'antilope. Le femmine partoriscono in mezzo al loro piccolo branco, il che dà ai neonati il tempo di alzarsi in piedi e di stabilizzarsi prima che i predatori notturni arrivino. Questa specie striata partecipa alla più grande migrazione del mondo: ben 1,5 milioni di gnu compiono un viaggio di andata e ritorno di 1.800 km attraverso la Tanzania e il Kenya, seguendo le piogge e l'erba succulenta che ne deriva. Migliaia di zebre, impala e gazzelle si uniscono a loro.

LA MIGRAZIONE È DETTA ANCHE TRANSUMANZA — **LC**

EGRETTA NERA
Egretta ardesiaca

CLASSE: uccello **DIETA:** carnivoro
LUNGHEZZA: fino a 66 cm **PESO:** fino a 300 g

L'egretta nera utilizza un curioso metodo di caccia, una sorta di "alimentazione dall'alto": spiegando le ali in alto come un ombrello, proietta un'ombra sull'acqua che attira i banchi di pesci. Quando vede la preda, colpisce con il becco come un fulmine. La più scura di tutte le egrette, i suoi occhi e le sue zampe sono di un giallo brillante, ma a differenza della maggior parte degli altri aironi, le sue zampe non cambiano colore durante la stagione riproduttiva, forse perché quelle scure sono più adatte a cacciare in acqua. L'acido nel suo stomaco è così forte che può sciogliere le ossa.

VIVE IN GRUPPI — **LC**

PESCE POLMONATO AFRICANO
Protopterus annectens

CLASSE: pesce **DIETA:** onnivoro
LUNGHEZZA: fino a 1 m **PESO:** fino a 4,5 kg

Questo pesce preistorico è cambiato a malapena in 400 milioni di anni e ha due polmoni per respirare l'aria, proprio come noi. Mentre gli animali che vivono in climi freddi vanno in letargo, quelli che vivono in climi caldi passano l'estate in letargo, e questo pesce lo fa quando i letti dei fiumi si prosciugano: si sotterra a circa 30 cm di profondità sotto il fango, poi rilascia un muco cutaneo che si indurisce e lo ricopre come un bozzolo, così mantiene l'umidità all'interno, ma l'aria riesce a passare. Può rimanere così anche fino a quattro anni!

VIVE PIÙ DI 20 ANNI — **LC**

IPPOPOTAMO
Hippopotamus amphibius

CLASSE: mammifero **DIETA:** erbivoro
LUNGHEZZA: fino a 5,1 m **PESO:** fino a 3.200 kg

L'ippopotamo è un erbivoro, ma è uno degli animali più pericolosi al mondo. Con una bocca che si apre quasi di 180°, può rompere a metà una canoa mordendola. Anche i suoi canini inferiori sono piuttosto spaventosi: crescono all'infinito, raggiungendo talvolta i 50 cm. L'ippopotamo vive nell'acqua e ha le zampe palmate come le anatre, ma non nuota: cammina lungo i letti dei fiumi. È stato anche avvistato mentre faceva "surf" nel Parco Nazionale di Loango! A volte questo gigante è rosa, grazie a una "protezione solare" naturale rossa che trasuda dalla pelle.

NON HA PELI — **VU**

LICHI
Kobus leche

CLASSE: mammifero **DIETA:** erbivoro
LUNGHEZZA: 1,8 m **PESO:** fino a 128 kg

L'adorabile lichi salta quando corre, perfetto per sfrecciare sulle golene zuppe. Questa antilope è ricoperta da uno speciale repellente e i suoi zoccoli sono molto distanziati, così da offrire un sostegno su un terreno molto morbido. Le femmine e i piccoli tendono a stare vicino all'acqua perché è un ottimo posto per sfuggire ai predatori e per trovare il cibo. Per raggiungere le erbe acquatiche, il lichi si immerge in profondità, fino alla pancia. Le corna ricurve e a spirale del maschio possono raggiungere la sorprendente lunghezza di 90 cm.

LE ANTILOPI CORRONO VELOCISSIME — **NT**

OCEANO
ATLANTICO
MARE DI
BARENTS
8
18
19
17
14
2
16
6
12
21
1
4
7
MAR
ARABICO
GOLFO
DEL
BENGALA
11
3
23
24
OCEANO
INDIANO

Asia

L'Asia è il continente più grande, dai grandi estremi. Ospita sia il punto più alto (Monte Everest) che il punto più basso (Mar Morto) della Terra.

Sulle montagne dell'Asia vivono molte specie che non si trovano da nessun'altra parte, compresi lo yak, il panda rosso e il macaco del Giappone. I suoi fiumi e laghi ospitano il più grande anfibio del mondo (salamandra gigante cinese), ma anche il mammifero più piccolo (Craseonycteris thonglongya).

Sopravvivere nel più grande deserto dell'Asia, il Gobi, è dura, ma è pieno di vita: dagli orsi e dai cammelli fino ai ricci e alle antilopi.

L'Asia ha sette biomi principali: tundra temperata, deserto tropicale, e cinque tipi di foresta tropicale, pluviale, umida, decidua, spinosa e sempreverde.

1. .... Lofoforo splendente
2. .... Panda rosso
3. .... Troides aeacus
4. .... Yak selvatico
5. .... Macaco del Giappone
6. .... Panda gigante
7. .... Nasica
8. .... Mantide orchidea
9. .... Tarsio delle Filippine
10. .... Orango di Sumatra
11. .... Bucero maggiore
12. .... Tigre del Bengala
13. .... Solifugo
14. .... Riccio del deserto
15. .... Saiga
16. .... Geroba dalle lunghe orecchie
17. .... Gatto delle sabbie
18. .... Cammello selvatico
19. .... Toporagno acquatico
20. .... Pipistrello calabrone
21. .... Pavone verde
22. .... Salamandra gigante cinese
23. .... Pastinaca gigante
24. .... Bufalo d'acqua

Montagne

LOFOFORO SPLENDENTE

Lophophorus impejanus

CLASSE: uccello **DIETA:** onnivoro
LUNGHEZZA: fino a 70 cm **PESO:** fino a 23,8 kg

Il lofoforo splendente vive nelle foreste dell'Himalya e il maschio è più affascinante, con una cresta verde metallizzata e un arcobaleno iridescente di piume sul corpo. Sia i maschi che le femmine hanno una chiazza di pelle turchese abbagliante intorno agli occhi. Questo uccello trascorre la maggior parte del tempo a cercare semi, frutta e insetti, utilizzando il becco ricurvo per scavare. Ha un fischio acuto e molti richiami. Durante la stagione riproduttiva, il maschio desidera così tanto una compagna, che emette richiami per tutto il giorno!

UN GRUPPO DI LOFOFORI È UN BOUQUET **LC**

PANDA ROSSO

Ailurus fulgens

CLASSE: mammifero **DIETA:** onnivoro
LUNGHEZZA: fino a 1,2 m **PESO:** fino a 7,7 kg

Il panda rosso è un parente più stretto delle puzzole che del panda gigante (che è venti volte più grande). Entrambi i panda hanno in comune la dieta a base di bambù. È un professionista dell'arrampicarsi in cima agli alberi, le sue caviglie ruotano quando si arrampica e usa la coda folta per mantenere l'equilibrio. La pelliccia folta lo tiene al caldo e, ogni volta che si sveglia, si lecca il pelo proprio come fa un gatto. Come la sua cugina puzzola, il panda rosso può rilasciare una terribile puzza da una ghiandola sul sedere.

È IL CUGINO DEL PANDA GIGANTE **EN**

TROIDES AEACUS

Troides aeacus

CLASSE: invertebrato **DIETA:** erbivoro
LUNGHEZZA: fino a 19,4 cm

Questa farfalla dorata è molto grande e i suoi schemi di volo sono simili a quelli degli uccelli. Alla nascita, il bruco è marrone e ricoperto di piccole spine, come un ramoscello. Quando si schiude per la prima volta, divora ogni foglia che vede e, poiché la pianta di cui si nutre è tossica, i predatori evitano di mangiarlo (astuto!). La farfalla adulta è importante per l'impollinazione e una grande aviatrice. Il maschio esegue un'elaborata danza per accoppiarsi: si libra sopra la femmina per esaminarla. Se lui le piace, faranno dei piccoli.

FEMMINE PIÙ GRANDI DEI MASCHI **LC**

YAK SELVATICO

Bos mutus

CLASSE: mammifero **DIETA:** erbivoro
LUNGHEZZA: fino a 3,5 m **PESO:** fino a 1,2 tonnellate

Da migliaia di anni, lo yak domestico dà all'uomo latte, carne e pelliccia. È usato anche per il lavoro manuale e il suo sterco viene persino bruciato come combustibile (non farlo a casa). Suo cugino, lo yak selvatico, è raro: si trova solo in una piccola zona dell'Asia centrale. Con le sue impressionanti corna a manubrio, questo animale selvatico è più grande dello yak domestico. Ha il pelo ispido e una peluria calda per ripararsi durante l'inverno. Il cuore e i polmoni più grandi lo aiutano a sopportare l'aria rarefatta dell'Himalaya.

PUÒ VIVERE FINO A 6.000 M DI ALTITUDINE **VU**

MACACO DEL GIAPPONE

Macaca fuscata

CLASSE: mammifero **DIETA:** onnivoro
LUNGHEZZA: fino a 57 cm **PESO** fino a 11 kg

Con il muso (e il sedere!) rosa acceso e la coda tozza, questa scimmia robusta ha un pelo folto e ispido per sopravvivere al nevoso inverno giapponese. I macachi vivono in montagna, dormono sugli abeti, i cui rami fungono da ombrelli per la neve. Si immergono anche in sorgenti termali fumanti per fare il bagno, mentre i loro piccoli giocano, lottano e fanno anche palle di neve. Questa scimmia è il primate che vive più a nord (oltre agli esseri umani) ed è uno dei pochi animali (a parte gli esseri umani), insieme ai procioni, che lava il cibo.

LAVANO IL CIBO PRIMA DI MANGIARLO **LC**

PANDA GIGANTE

Ailuropoda melanoleuca

CLASSE: mammifero **DIETA:** onnivoro
LUNGHEZZA: fino a 1,8 m **PESO:** fino a 125 kg

Dal punto di vista biologico, il panda è un carnivoro, ma si è adattato a vivere di bambù (e di qualche uovo o piccolo animale). Per avere abbastanza energia, trangugia fino a 14 kg di germogli di bambù anche per 12 ore al giorno, afferrando i gambi con un pollice modificato. Il panda mangia una gran quantità di fibre, quindi fa la cacca fino a 40 volte al giorno! Con un tasso di nascite molto basso, un cucciolo nasce solo una volta ogni due anni, rendendo la popolazione dei panda vulnerabile. Incredibilmente, le madri sono 900 volte più grandi dei loro adorabili cuccioli.

SIMBOLO DI PROTEZIONE DELL'AMBIENTE **VU**

OMBRETTO PIÙ BRILLANTE
LOFOFORO SPLENDENTE
PARENTI PIÙ STRANI DEL MONDO
PANDA ROSSO
FARFALLA CON LE ALI PIÙ SIMILI A UN UCCELLO
TROIDES AEACUS
GONNA PIÙ LUNGA DEL MONDO
YAK SELVATICO
PRIMATO DEL PIÙ ZEN
MACACO DEL GIAPPONE
MANGIATORE PIÙ SELETTIVO
PANDA GIGANTE

MANTIDE ORCHIDEA
INSETTO PIÙ ALLA MODA
CAMPIONE DI NUOTO
NASICA
BUCERO MAGGIORE
MIGLIOR COSTRUTTORE DI NIDI
SGUARDO PIÙ INTENSO
TARSIO DELLE FILIPPINE
COSTRUTTORE DI NIDI PIÙ SICURI
ORANGO DI SUMATRA
FELINO PIÙ GRANDE DEL MONDO
TIGRE DEL BENGALA

Foreste e giungle

NASICA
Nasalis larvatus

CLASSE: mammifero **DIETA:** onnivoro
LUNGHEZZA: fino a 70 cm **PESO:** fino a 30 kg

Chiamata così per il suo caratteristico naso, la nasica vive vicino ai corsi d'acqua del Borneo. Il naso del maschio può arrivare a 10 cm di lunghezza e lo usa per attirare le femmine, che amano il nasone. Grazie alle zampe palmate, è la più abile nuotatrice tra i primati. Salta dai rami in acqua tuffandosi di pancia! Il ventre arrotondato è dovuto a uno stomaco a camere che le permette di mangiare il cibo che altre scimmie non possono mangiare. Come molti altri animali della giungla, la sua sopravvivenza è minacciata dalla perdita dell'habitat.

VIVE IN PICCOLI GRUPPI — **EN**

MANTIDE ORCHIDEA
Hymenopus coronatus

CLASSE: invertebrato **DIETA:** carnivora
LUNGHEZZA: fino a 7 cm **PESO:** fino a 28 g

Questa maestra del travestimento è l'insetto più elegante della Terra e riesce a trasformarsi rapidamente in un fiore. È una specie di mantide religiosa, le cui zampe assomigliano ai petali di un'orchidea, che attraggono più insetti dei fiori veri! Può persino cambiare colore per confondersi con i fiori vicini. Utilizza una tattica di agguato: ondeggia delicatamente su un ramo, poi usa le zampe anteriori seghettate per afferrare la preda. Curiosamente, non vive sulle orchidee, forse per evitare la concorrenza.

IL SUO PICCOLO È UNA NINFA — **NE**

TARSIO DELLE FILIPPINE
Carlito syrichta

CLASSE: mammifero **DIETA:** carnivoro
LUNGHEZZA: fino a 16 cm **PESO:** fino a 160 g

Il tarsio delle Filippine è uno dei primati più antichi del mondo e l'unico del tutto carnivoro. È un cacciatore notturno e ha gli occhi più grandi (per le dimensioni del corpo) di qualsiasi altro mammifero. In realtà, non può muoverli, ma ruota la testa come farebbe un gufo. Grazie alle dita lunghe delle zampe anteriori e posteriori, può saltare in verticale e spiccare balzi fino a 5 m, pari a 40 volte la lunghezza del suo corpo. Il suo dito medio è lungo quanto la parte superiore della zampa anteriore e ha riflessi così rapidi che può afferrare gli uccelli mentre volano: un pranzo al volo!

È UN ANIMALE NOTTURNO — **NT**

ORANGO DI SUMATRA
Pongo abelii

CLASSE: mammifero **DIETA:** onnivoro
ALTEZZA: fino a 1,8 m **PESO:** fino a 130 kg

È il secondo primate più grande del mondo, il maschio è il doppio della femmina ed è l'unico primate a cui crescono le guance (che indicano la dominanza). È in grado di utilizzare degli strumenti, grazie ai pollici opponibili sulle zampe anteriori e posteriori. Ogni notte costruisce un materasso di foglie, con tanto di coperta e cuscino! Questa magnifica creatura è in grave pericolo di estinzione a causa del bracconaggio e della perdita dell'habitat, ma anche perché le femmine partoriscono una sola volta ogni otto anni. Si prevede tragicamente che questo amato primate si estinguerà in natura entro il 2030.

L'ORANGO È UN ANIMALE SOLITARIO — **CR**

BUCERO MAGGIORE
Buceros bicornis

CLASSE: uccello **DIETA:** onnivoro
LUNGHEZZA: fino a 1,2 m **PESO:** fino a 4 kg

Il bucero bicorne ha affascinanti ciglia nere che, in realtà, sono piccole piume. Le piume del suo corpo sono bianche, ma diventano gialle quando se le liscia con il becco da una speciale ghiandola vicino alla coda. I maschi hanno un casco spugnoso sulla testa, usato per colpire gli altri maschi e per attirare una compagna. Dopo l'accoppiamento, la femmina costruisce un nido nella cavità di un albero e sigilla l'apertura con fango, dove rimane all'interno con i suoi pulcini mentre il maschio porta il cibo, passandoglielo attraverso una fessura. Anche i pulcini fanno la cacca attraverso questa fessura!

È CHIAMATO ANCHE GRANDE CALAO INDI — **VU**

TIGRE DEL BENGALA
Panthera tigris tigris

CLASSE: mammifero **DIETA:** carnivoro
LUNGHEZZA: fino a 3 m **PESO:** fino a 225 kg

La tigre del Bengala è il secondo felino più grande del mondo (dopo la tigre siberiana) e ha i denti più grandi tra tutti i felini: fino a 9 cm di lunghezza. Si avvicina e si avventa piuttosto che cacciare, divorando fino a 40 kg di carne in una sola volta. Poiché alle tigri piace attaccare alle spalle, gli abitanti dei villaggi indossano delle maschere sulla nuca per ingannarle e per cercare di evitare gli attacchi. Questa tigre in pericolo di estinzione si trova solo in piccole zone isolate dell'Asia centrale. In realtà, ci sono più tigri in cattività negli Stati Uniti che in natura.

LA TIGRE È UN ANIMALE TERRITORIALE — **EN**

Deserti

SOLIFUGO
Galeodes arabs

CLASSE: invertebrato **DIETA:** carnivoro
LUNGHEZZA: fino a 15 cm **PESO:** fino a 56 g

In realtà, il solifugo non è un ragno, ma un tipo di aracnide (dell'ordine dei Solifugae). Questa creatura è un temibile cacciatore con mandibole lunghe fino a un terzo della lunghezza del corpo, ma non è velenosa. Mastica le prede fino a ridurle in poltiglia, poi rilascia degli enzimi per liquefarle prima di trangugiarne i resti. A differenza dei ragni, respira con la trachea, proprio come gli esseri umani, permettendogli di correre molto velocemente. Ha occhi grandi, ma si basa sulle vibrazioni per vedere. Se la preda smette di muoversi, il solifugo potrebbe aver perso il pranzo.

PUÒ CORRERE 50 CM AL SECONDO **NE**

RICCIO DEL DESERTO
Paraechinus aethiopicus

CLASSE: mammifero **DIETA:** carnivora
LUNGHEZZA: fino a 23 cm **PESO:** fino a 700 g

Anche se è uno dei ricci più piccoli, ha alcuni degli aculei più lunghi. Stranamente, quando è attaccato, cerca di sfuggire al suo predatore, rotolando come una palla appuntita se costretto. I piccoli nascono con gli aculei appena sotto la pelle, che spuntano poche ore dopo la nascita, e aprono gli occhi dopo giorni. A causa della sua dieta tossica a base di insetti e serpenti, ha un'alta tolleranza ai veleni, fino a 40 volte quella di altri mammiferi della stessa dimensione. Vive nei deserti del Medio Oriente e va in letargo durante l'inverno.

UN GRUPPO DI RICCI PIZZICA **LC**

SAIGA
Saiga tatarica

CLASSE: mammifero **DIETA:** erbivora
ALTEZZA: fino a 80 cm **PESO:** fino a 40 kg

Sebbene viva lontano dall'oceano, la cavità nasale di questa antilope assomiglia a quella di una balena! È dotata di un olfatto eccellente e il naso complesso scalda e inumidisce l'aria del deserto. Cacciata senza sosta (e di recente colpita da un'epidemia), molti esemplari sono scomparsi e ora è in pericolo critico: ne rimangono solo circa 50.000. Una saiga appena nata può correre più veloce di essere umano a solo due giorni di vita. Si spera che la specie possa sopravvivere grazie a questa capacità, insieme alla fine del bracconaggio, della perdita dell'habitat e delle malattie infettive.

I PICCOLI NASCONO TRA APRILE E MAGGIO **CR**

GEROBA DALLE LUNGHE ORECCHIE
Euchoreutes naso

CLASSE: mammifero **DIETA:** carnivoro
LUNGHEZZA: fino a 9 cm **PESO:** fino a 38 g

Con un muso simile a quello di un maiale, zampe simili a quelle di un uccello e un corpo tipo quello di un topo, il gerboa, che vive nel deserto, ha le orecchie più grandi del mondo in rapporto alle dimensioni del corpo. Queste enormi orecchie non sono solo impressionanti: rilasciano calore e raffreddano le cose. Come un canguro, il geroba si muove saltando a zig-zag e quello che sembra uno stinco è in realtà un piede molto lungo! Pur essendo minuscolo, il geroba può saltare fino a un metro per afferrare gli insetti volanti a mezz'aria. Questo piccolo mammifero va in letargo durante l'inverno.

UN GRUPPO DI GEROBA È UNA COLONIA **LC**

GATTO DELLE SABBIE
Felis margarita

CLASSE: mammifero **DIETA:** carnivoro
LUNGHEZZA: fino a 50 cm **PESO:** fino a 3,4 kg

Questo esuberante felino, che assomiglia a un gatto domestico, vive nei deserti con temperature molto estreme: fino a 51° C di giorno e a -5° C di notte. Per poter sopravvivere, il gatto delle sabbie caccia di notte e si riposa sottoterra durante il giorno. Quando si avventura fuori, i peli sulle zampe lo proteggono dalla sabbia rovente, mentre le grandi orecchie gli permettono di sentire suoni molto bassi, come quello di un topo che sgambetta sottoterra, fino a 500 metri di distanza. Nel deserto non c'è acqua, così non beve affatto. Per fortuna, ricava tutta l'acqua dal cibo.

È UN ANIMALE RARO **NT**

CAMMELLO SELVATICO
Camelus ferus

CLASSE: mammifero **DIETA:** onnivoro
ALTEZZA: fino a 2 m **DIMENSIONI:** fino a 816 kg

Per sopravvivere nel deserto, questo cammello ha narici strette, una doppia fila di ciglia, orecchie rivestite di pelo e un folto mantello per affrontare gli inverni gelidi. Le zampe si allargano molto sulla sabbia soffice ed entrambe le parti del suo del labbro superiore possono muoversi singolarmente, proprio come le dita. Questo cammello può resistere a lungo senza cibo e acqua, e viaggia molto per trovarli. Alcuni cammelli si sono anche adattati a bere acqua salata: è l'unico mammifero in grado di farlo. Se sputa, attenzione: è saliva mista a un po' di vomito!

UN GRUPPO DI CAMMELLI È UNA CAROVANA **CR**

ARACNIDE PIÙ VELOCE
SOLIFUGO
ABITANTE DEL DESERTO PIÙ APPUNTITO
RICCIO DEL DESERTO
CAVITÀ NASALE PIÙ SVILUPPATA
SAIGA
ORECCHIE PIÙ LUNGHE RISPETTO AL CORPO
GEROBA DALLE LUNGHE ORECCHIE
LABBRO SUPERIORE PIÙ FLESSIBILE
CAMMELLO SELVATICO
SIMILE AL GATTO DOMESTICO
GATTO DELLE SABBIE

TOPORAGNO
ACQUATICO

NUOTATORE
PIÙ
ELEGANTE

PIPISTRELLO
CALABRONE

PIPISTRELLO
PIÙ PICCOLO
DEL MONDO

SALAMANDRA
GIGANTE CINESE

ANFIBIO PIÙ
GRANDE DEL
MONDO

PAVONE
VERDE

CODA PIÙ
ALLA MODA

BUFALO
D'ACQUA

CORNA PIÙ
GRANDI TRA
I BOVIDI

PASTINACA GIGANTE

PESCE
D'ACQUA
DOLCE PIÙ
GRANDE

Fiumi e laghi

TOPORAGNO ACQUATICO

Nectogale elegans

CLASSE: mammifero **DIETA:** carnivoro **DIMENSIONI:** fino a 23,8 cm coda compresa **PESO:** fino a 45 g

Questo nuotatore supersonico esce raramente dall'acqua, quindi il suo corpo atletico si è adattato a viverci. Con una pelliccia vellutata e impermeabile, squame ai lati dei piedi e dita palmate con speciali ventose (per aggrapparsi ai sassi scivolosi), il toporagno acquatico è un nuotatore esperto. Ha anche una coda con frange che usa come un timone. Il suo corpo affusolato non ha orecchie esterne e gli occhi sono ricoperti di pelle, rendendolo ufficialmente cieco. Ma niente paura: i suoi baffi sensibili individuano il cibo!

IL SUO MORSO È VELENOSO — **LC**

PAVONE VERDE

Pavo muticus

CLASSE: uccello **DIETA:** onnivoro **LUNGHEZZA:** fino a 3 m **PESO:** fino a 5 kg

È uno degli uccelli volanti più grandi del mondo e, grazie alla coda lunga e pesante, può volare velocemente per brevi tratti. Non ha le zampe palmate, quindi non può nemmeno nuotare. I maschi sono noti per i loro richiami penetranti e per le splendide piume iridescenti della coda. Queste bellissime piume metallizzate hanno strutture simili a cristalli che riflettono diverse luci, perfette per attirare una compagna... peccato che venga eliminata subito dopo l'accoppiamento! A causa della perdita dell'habitat, della caccia e del bracconaggio (per le piume), oggi il pavone verde è in pericolo di estinzione.

APPARTIENE ALL'ORDINE DEI GALLIFORMI — **EN**

PASTINACA GIGANTE

Urogymnus polylepi

CLASSE: pesce **DIETA:** carnivora **LUNGHEZZA:** fino a 5 m **PESO:** fino a 600 kg

È uno dei pesci d'acqua dolce più grandi del mondo e tollera anche l'acqua salata degli estuari, il punto dove i fiumi incontrano il mare. La sua coda a forma di frusta ha due barbigli velenosi che possono estendersi due volte e mezzo più del corpo. In effetti, questa razza è così grande e forte che potrebbe trascinare una barca sott'acqua! I piccoli si schiudono all'interno dell'utero materno e usano il muco cervicale ricco di ossigeno per respirare e nutrirsi. I piccoli nascono vivi, proprio come gli squali. E come loro, questa razza ha una pelle ruvida, simile a carta vetrata.

LA SPINA SULLA CODA È VELENOSA — **EN**

PIPISTRELLO CALABRONE

Craseonycteris thonglongya

CLASSE: mammifero **DIETA:** carnivora **LUNGHEZZA:** fino a 33 mm **PESO:** fino a 2 g

Il pipistrello calabrone è una creatura minuscola e pelosa, è grande come una grande ape e ha il muso simile a quello di un maiale. È il pipistrello più piccolo del mondo e uno dei mammiferi più piccoli. Vive nelle grotte calcaree lungo i fiumi e si procura il cibo solo all'alba e al tramonto, afferrando gli insetti mentre sono ancora in volo, a mezz'aria. I suoi occhi sono quasi coperti di pelliccia ma, come tutti i pipistrelli, non è cieco: utilizza l'ecolocalizzazione. A differenza della maggior parte dei pipistrelli, non ha la coda. La deforestazione e la lenta riproduzione lo rendono sempre più vulnerabile.

È STATO SCOPERTO NEL 1973 — **VU**

SALAMANDRA GIGANTE CINESE

Andrias davidianus

CLASSE: uccello **DIETA:** onnivoro **LUNGHEZZA:** fino a 1,2 m **PESO:** fino a 11 kg

La salamandra gigante cinese è uno degli anfibi più grandi del mondo, è un fossile vivente e in serio pericolo di estinzione, principalmente a causa della caccia (è considerata una prelibatezza) e alla perdita dell'habitat, ma anche a causa dell'aumento della temperatura dell'acqua. Quando questa sarà più alta di 20° C, smetterà di mangiare del tutto e morirà. È una salamandra del tutto acquatica e respira per lo più attraverso la pelle, anche se ha un polmone che può utilizzare per poco tempo quando esce dall'acqua. Se minacciata, questa strana creatura sibila, abbaia e piange come un bambino.

NON HA LE PALPEBRE — **CR**

BUFALO D'ACQUA

Bubalus arnee

CLASSE: mammifero **DIETA:** erbivoro **LUNGHEZZA:** fino a 3 m **PESO:** fino a 1.200 kg

Quasi tutti i bufali d'acqua del mondo vivono in Asia e questa specie in particolare è la versione selvatica più grande di quella addomesticata per l'allevamento. Ha la testa pesante e gli occhi piccoli, quindi tende ad affidarsi all'udito. Ama sguazzare nel fango e dipende totalmente dall'acqua, vivendo in praterie, paludi, fiumi e acquitrini. Sia i maschi che le femmine hanno corna enormi, larghe fino a 2 metri. Fornisce più del 5% della fornitura mondiale di latte, che è ricco di grassi, proteine e zuccheri.

IL PICCOLO DI BUFALO È UN VITELLO — **EN**

OCEANO INDIANO
MARE DI TIMOR
MARE DEGLI ALFURI
MAR DEI CORALLI
MAR DI TASMANIA
OCEANO AUSTRALE
13
15
6
2
9
12
10
8
11
3
16
14
7
18
5

Oceania

L'Oceania si estende nell'Oceano Pacifico dall'isola Dirk Hartog dell'Australia occidentale fino a Rapa Nui (Isola di Pasqua), un territorio del Cile, e comprende più di 10.000 isole, tra cui le nazioni insulari più popolose: l'Australia e la Nuova Zelanda.

L'Australia è la massa terrestre più piatta, più bassa e più antica della Terra, e i suoi ambienti comprendono deserto, savana, foresta tropicale e zone costiere. La maggior parte della sua fauna selvatica non si trova da nessun'altra parte del mondo e include i monotremi, l'ordine di animali terrestri più antico della Terra (hai mai sentito parlare dell'echidna e dell'ornitorinco?).

Tra i gloriosi animali dell'Oceania ci sono il kiwi e il tuatara, e i marsupiali unici dell'Australia come il canguro rosso e il quokka. Le creature marine nuotano intorno alle molte isole di questo continente, così come nella Grande Barriera Corallina, la casa del 10% di tutti i pesci del mondo.

L'Oceania ha sei biomi principali: foreste temperate e tropicali, montagne, praterie, paludi e deserti.

1. .... Tuatara
2 .... Koala
3 .... Uccello lira
4 .... Kiwi
5 .... Ornitorinco
6 .... Casuario comune
7 .... Echidna istrice
8 .... Formiche del miele
9 .... Canguro rosso
10 .... Diavolo spinoso
11. .... Taipan dell'interno
12 .... Emù
13 .... Coccodrillo marino
14 .... Dragone foglia
15 .... Dugongo
16 .... Quokka
17 .... Leiopelma hochstetteri
18 .... Orectolobidae

Foreste e praterie

TUATARA
Sphenodon punctatus

CLASSE: rettile **DIETA:** carnivoro
LUNGHEZZA: fino a 60 cm **PESO:** fino a 1,3 kg

Il tuatara può sembrare una lucertola, ma in realtà è un drago! Questa creatura è l'unica sopravvissuta di un ordine del Triassico (250 milioni di anni fa) e può vivere per più di 100 anni. È così antica che non ha dei veri e propri denti: sono estensioni appuntite della mascella. Ha anche e un terzo occhio sulla sommità della testa (ricoperto di squame). Grazie a un metabolismo lentissimo, il tuatara può stare un'ora senza respirare. Un tempo quasi estinto, questo dinosauro vivente si è ristabilito e oggi vive su 32 isole al largo della Nuova Zelanda.

APPARTIENE ALL'ORDINE DEI RINCOCEFALI **EN**

UCCELLO LIRA
Menura novaehollandiae

CLASSE: uccello **DIETA:** carnivoro
LUNGHEZZA: fino a 1,30 m **PESO:** fino a 1 kg

Esistono due specie di uccello lira: quello maggiore e quello di Albert (oggi in pericolo di estinzione). Il maggiore è uno dei più grandi uccelli canori del mondo, con l'estensione vocale più complessa del pianeta, e può imitare quasi tutto, dagli altri animali ai telefoni cellulari. Risalente a 15 milioni di anni fa, questo uccello ha una coda elaborata che può raggiungere i 70 cm di lunghezza, con due piume esterne che si arricciano a forma di lira. Il maschio usa la coda in una spettacolare danza di accoppiamento, sventolando e facendo luccicare le piume, al ritmo del suo canto.

È UNO DEI PASSERIFORMI PIÙ GRANDI **LC**

ORNITORINCO
Ornithorhynchus anatinus

CLASSE: mammifero **DIETA:** carnivoro
LUNGHEZZA: fino a 60 cm **PESO:** fino a 1 kg

Un tempo si credeva che l'affascinante ornitorinco non fosse vero: parti del corpo di un'anatra, di una lontra e di un castoro cucite insieme! In realtà, questa creatura curiosa è un antico monotremo e uno degli unici due mammiferi a deporre le uova. Non avendo uno stomaco, si nutre fino a 18 ore al giorno, utilizzando gli elettrorecettori nel becco per trovare il cibo. Il maschio ha uno spuntone velenoso sulla zampa posteriore che può causare un dolore lancinante se toccato.! La femmina depone fino a 4 uova e i piccoli si nutrono del latte che fuoriesce dalla pelle della sua pancia.

VIVE NELL'AUSTRALIA ORIENTALE **NT**

KOALA
Phascolarctos cinereus

CLASSE: mammifero **DIETA:** erbivoro
LUNGHEZZA: fino a 85 cm **PESO:** fino a 15 kg

L'amato koala australiano assomiglia a un orsacchiotto di peluche, ma il parente più prossimo di questo marsupiale che vive sugli alberi è il vombato e ha impronte digitali simili alle tue! Questa tenera creatura si è adattata bene alla vita sugli alberi, con un cuscinetto alla base della colonna vertebrale e liquido cerebrale in più in caso di caduta. Il koala adora le foglie di eucalipto, che richiedono molta energia per essere digerite. Non c'è da stupirsi che dorma fino a 20 ore al giorno. Questo mammifero unico è in pericolo di estinzione in alcune zone dell'Australia a causa di incendi, siccità, cani e perdita dell'habitat.

LA MADRE FA UN CUCCIOLO PER VOLTA **EN**

KIWI
Apteryx

CLASSE: uccello **DIETA:** onnivoro
LUNGHEZZA: fino a 45 cm **PESO:** fino a 3,3 kg

Il kiwi non vola ed è un animale endemico, e iconico, della Nuova Zelanda. Con piume simili a capelli, baffi simili a quelli di un gatto e privo di coda, è l'unico uccello ad avere le narici all'estremità del becco. Si procura il cibo di notte, ha una vista pessima e un olfatto eccellente (cosa insolita per gli uccelli). Il suo uovo è il più grande al mondo in proporzione alle dimensioni del corpo: pesa fino al 20% del suo peso. Solo il 5% dei piccoli di kiwi sopravvive; la maggior parte viene mangiata da predatori mammiferi. A differenza degli uccelli volanti con ossa cave, il kiwi ha il midollo osseo.

VIVE IN PICCOLI GRUPPI **VU**

CASUARIO COMUNE
Casuarius casuarius

CLASSE: uccello **DIETA:** onnivoro
ALTEZZA: fino a 1,7 m **PESO:** fino a 58,5 kg

Il casuario comune è un dinosauro contemporaneo, non vola ed è considerato l'uccello più pericoloso del mondo: può uccidere un dingo o un coccodrillo con un solo colpo degli artigli simili a pugnali. È il terzo uccello più alto e il secondo più pesante al mondo, ha zampe squamose e un casco spugnoso sulla testa che cresce per tutta la vita. Non ha la lingua, quindi getta la testa all'indietro per ingoiare. Il collo e la testa possono cambiare colore a seconda dell'umore, e i suoi versi a bassa frequenza assomigliano a quelli di un elefante. Dopo una nuotata, si scuote come un cane!

LA FEMMINA DEPONE FINO A 5 UOVA **EN**

UNICO NEL SUO GENERE
TUATARA
MARSUPIALE PIÙ SIMILE A UN ORSETTO
KOALA
UOVO PIÙ GRANDE RISPETTO AL CORPO
KIWI
UCCELLO LIRA
VOCE PIÙ COMPLESSA
UCCELLO PIÙ PERICOLOSO DEL MONDO
PIÙ
CHE
ORNITORINCO
CASUARIO COMUNE

INSETTO PIÙ DOLCE
FORMICA DEL MIELE
ANIMALE AUTOCTONO PIÙ DIFFUSO
ECHIDNA ISTRICE
DIAVOLO SPINOSO
RETTILE PIÙ SIMILE A UN GIOCATTOLO
MARSUPIALE PIÙ GRANDE DEL MONDO
CANGURO ROSSO
MIGLIOR PADRE DELLA ZONA
SERPENTE PIÙ LETALE DEL MONDO
TAIPAN DELL'INTERNO
EMÙ

Deserti

ECHIDNA ISTRICE
Tachyglossus aculeatus

CLASSE: mammifero **DIETA:** carnivoro
LUNGHEZZA: fino a 50 cm **PESO:** fino a 7 kg

Questo monotremo spinoso vive in tutta l'Australia ed è piccolo, ma forte. Fa a pezzi i tronchi in cerca di insetti ed è in grado di scavare a un metro di profondità per trovare il cibo. Può perfino immergersi sott'acqua. Non può aprire la bocca per più di 5 mm, quindi spara fuori la lunga lingua appiccicosa (18 cm) per trangugiare la cena. La sua lingua è così dura che può perforare il legno! Le femmine hanno un solo piccolo, che nasce da un uovo dopo 10 giorni e poi striscia fino alla pancia della mamma, dove si nutre del latte che trasuda dalla sua pelle.

È UN ANIMALE NOTTURNO — **LC**

CANGURO ROSSO
Macropus rufu

CLASSE: mammifero **DIETA:** erbivoro
LUNGHEZZA: fino a 2,3 m **PESO:** fino a 90 kg

Presente in tutta l'Australia occidentale e centrale, il canguro rosso è il più grande di tutti i canguri. Ha la testa di un cervo e il marsupio di un opossum, ma saltella come una rana! Usa la coda muscolosa per mantenere l'equilibrio e le grandi zampe sono come molle: può sollevarsi di 9 m e saltare fino a 3 m. Quando i piccoli nascono sono piccoli piccoli, grandi quanto una caramella gommosa. Si dimenano nel marsupio della mamma per nutrirsi e fanno anche bisognini e bisognoni, che la mamma pulisce con la lingua... bleah!

UN GRUPPO DI CANGURI È UN BRANCO — **LC**

TAIPAN DELL'INTERNO
Oxyuranus microlepidotus

CLASSE: rettile **DIETA:** carnivoro
LUNGHEZZA: fino a 3 m **PESO:** fino a 2 kg

Il serpente più velenoso del mondo vive in alcuni dei luoghi più remoti (per fortuna) e ostili della Terra: piccole zone isolate dell'Australia centrale. Normalmente è timido, ma quando attacca è veloce e furioso, e colpisce più volte. Un solo morso è abbastanza velenoso da uccidere 100 esseri umani. Il taipan continentale caccia soprattutto roditori, ma può resistere a lungo senza cibo. Passa il tempo nascondendosi nelle rocce e nelle tane di altri animali (forse le sue vittime!). Questo serpente è scuro in inverno, mentre in estate è marrone con la testa nera.

È 50 VOLTE PIÙ VELENOSO DI UN COBRA — **LC**

FORMICA DEL MIELE
Melophorus inflatus

CLASSE: invertebrato **DIETA:** onnivoro
LUNGHEZZA: fino a 1,3 cm **PESO:** fino a 1,4 kg

Questa bolla di sciroppo ambulante è un'operaia specializzata che si ingozza di fiori dell'albero mulga, fino a quando la sua pancia si gonfia di nettare dolce. Come una dispensa vivente, si appende in gruppo al soffitto dei nidi sotterranei e può nutrire le altre formiche nei periodi di carestia (di solito durante la stagione secca). I nidi delle formiche del miele si trovano a ben oltre un metro di profondità sottoterra. Da molto tempo, alcuni aborigeni gustano questa dolce delizia del deserto.

LE POPOLAZIONI INDIGENE LE MANGIANO! — **LC**

DIAVOLO SPINOSO
Moloch horridus

CLASSE: rettile **DIETA:** carnivoro
LUNGHEZZA: fino a 20 cm **PESO:** fino a 96 g

Originario dell'Australia, questa lucertola cammina a scatti, come un giocattolo a molla. Beve l'acqua in modo curioso: cammina sull'erba bagnata e raccoglie le gocce di rugiada sulla pelle. Poi apre e chiude la bocca per far scorrere le goccioline lungo il corpo increspato fino alla bocca. Può cambiare anche colore: da scura con il freddo a chiara con il caldo. Si nutre di formiche nere e può anche rimanere fermo con la bocca aperta per farle entrare! Nonostante il suo aspetto spaventoso, è innocuo per gli esseri umani.

È UN ANIMALE PER LO PIÙ DIURNO — **LC**

EMÙ
Dromaius novaehollandia

CLASSE: uccello **DIETA:** onnivoro
ALTEZZA: fino a 1,9 m **PESO:** fino a 50 kg

Nonostante sia il secondo uccello più alto del mondo e il più grande d'Australia, l'emù ha piccole piume soffici e ali minuscole, e non vola, ma può scattare fino a 50 km/h e saltare a 2 m di altezza. È l'unico uccello ad avere i muscoli dei polpacci e, sorprendentemente, è anche un bravo nuotatore! Dopo la riproduzione, è il maschio a covare le uova. In questo periodo, mangia o beve a malapena, e perde fino a un terzo del suo peso corporeo. Il padre alleva anche i pulcini.

LA FEMMINA SI OCCUPA DEI PULCINI — **LC**

Zone costiere

COCCODRILLO MARINO
Crocodylus porosus

CLASSE: rettile **DIETA:** carnivoro
LUNGHEZZA: fino a 6,3 m **PESO:** fino a 1.300 kg

Questa antica creatura è considerata l'animale di grandi dimensioni più pericoloso del mondo. Vive nelle acque tropicali dell'Australia settentrionale e del Sud-Est asiatico, ha il morso più potente della Terra, ma i muscoli che aprono la mascella sono così deboli che la bocca può essere tenuta chiusa con un elastico! Questo gigante si acquatta nell'acqua e nelle sue vicinanze, dove tende agguati alle sue prede, divorando qualsiasi cosa, dalle scimmie agli squali. Cambia continuamente i denti e ne consuma 8.000 in tutta la vita. Questo coccodrillo non può sudare, quindi ansima come un cane!

AI COCCODRILLI PIACE CROGIOLARSI AL SOLE **LC**

DUGONGO
Dugong dugong

CLASSE: mammifero **DIETA:** erbivoro
LUNGHEZZA: fino a 3,2 m **PESO:** fino a 270 kg

Con il corpo di una foca e la coda di un delfino, il dugongo mangia come una mucca, brucando le alghe sul fondale marino e le aspira con la sua bocca tipo aspirapolvere. È l'unico mammifero marino completamente erbivoro ed è parente più stretto degli elefanti che di qualsiasi altro animale marino. Per poter rimanere sott'acqua, il dugongo ha alcune delle ossa più dense della Terra. Insieme ai lamantini, un tempo i marinai scambiavano questa dolce creatura per una sirena. È possibile indovinarne l'età dagli anelli sulle sue zanne (nascoste), proprio come un albero!

LA MADRE ALLATTA I PICCOLI **VU**

LEIOPELMA HOCHSTETTERI
Leiopelma hochstetteri

CLASSE: anfibio **DIETA:** carnivoro
LUNGHEZZA: fino a 5 cm **PESO:** fino a 11 g

Questa minuscola rana neozelandese è cambiata appena in 70 milioni di anni. Ha i muscoli per scodinzolare, ma è priva di coda. Quando nuota, parte con il classico calcio della rana, ma poi si trasforma in un cagnolino! Ha le pupille rotonde (la maggior parte delle rane ha fessure orizzontali), non ha timpani, né il sacco vocale. Usa segnali chimici chiamati feromoni per parlare con le altre rane. I girini si sviluppano all'interno di un uovo, poi si schiudono e sono già quasi una rana del tutto formata. Può rimanere immobile per molto tempo e può vivere fino a 30 anni.

IL PICCOLO DI RANA È UN GIRINO **LC**

DRAGONE FOGLIA
Phycodurus eques

CLASSE: pesce **DIETA:** carnivoro
LUNGHEZZA: fino a 35 cm **PESO:** fino a 40 g

È un animale o una pianta? Questo strano parente frondoso del cavalluccio marino è in realtà un pesce dall'aspetto strano e un maestro nel mimetizzarsi. Nuota tra le alghe nelle acque poco profonde al largo delle coste dell'Australia meridionale, si nasconde muovendosi e cambiando colore per adattarsi all'ambiente circostante. Si nutre trangugiando i crostacei con il muso simile a una cannuccia. Incredibilmente, partorisce il maschio: la femmina gli depone uova rosa accese sulla coda e, quando sono mature, il maschio agita la coda finché i piccoli non escono. Questa operazione può durare fino a due giorni.

SI MIMETIZZA MENTRE NUOTA **LC**

QUOKKA
Setonix brachyurus

CLASSE: mammifero **DIETA:** erbivoro
LUNGHEZZA: fino a 60 cm **PESO:** fino a 4 kg

Il quokka è un piccolo canguro con orecchie rotonde e soffici, e un sorriso adorabile. Principalmente notturno, sonnecchia tutto il giorno sotto i cespugli o nelle tane. Il quokka può vivere senza alcuna forma di acqua dolce: si affida esclusivamente all'acqua delle piante e alla pioggia. Si trova principalmente sull'isola Rottnest (o Wadjemup) al largo della costa dell'Australia occidentale. Non ha molta paura dell'uomo ed è famoso per essere protagonista di buffi selfie con i turisti. Se sei abbastanza fortunato da incontrarne uno, non toccarlo e non dargli da mangiare, perché potrebbe ammalarsi gravemente.

VIVE IN UNITÀ FAMILIARI **VU**

ORECTOLOBIDAE
Orectolobidae (famiglia)

CLASSE: pesce **DIETA:** carnivoro
LUNGHEZZA: fino a 3 m **PESO:** fino a 70 kg

Esistono 12 specie di squalo appartenenti a questa famiglia, la maggior parte delle quali sono classificate come non pericolose, per esempio l'Orectolobus wardi (nell'immagine). Ricordano un po' un tappeto (non calpestarli!) e ogni specie ha baffi detti barbigli, simili ad alghe, intorno al naso, che li aiutano a trovare le prede. A differenza degli squali normali che devono muoversi per respirare, questo può rimanere fermo e usa le guance per pompare l'acqua attraverso le branchie. Può anche camminare sulle pinne sul fondo dell'oceano e a volte può anche attraversare un piccolo tratto di terra! Se mangi il fish and chips in Australia, mangerai questo pesce (lì lo chiamano flake).

È UNA SPECIE PICCOLA PICCOLA DI SQUALO **LC**

MORSO PIÙ POTENTE
COCCODRILLO MARINO
PESCE PIÙ FRONDOSO
DRAGONE FOGLIA
ANIMALE PIÙ SIMILE A UNA SIRENA
DUGONGO
ESPERTO DI SELFIE
QUOKKA
MIGLIOR RANA PAGAIA
LEIOPELMA HOCHSTETTERI
ANIMALE PIÙ SIMILE A UN TAPPETO
ORECTOLOBIDAE

OCEANO AUSTRALE
12
MARE DI WEDDELL
OCEANO ATLANTICO
5
6
1
2
9
MARE DI ROSS
7
OCEANO PACIFICO
10

Antartide

L'Antartide è il deserto più grande del mondo: non è caldo, ma è arido. Anzi, nel luogo più asciutto della Terra, McMurdo Dry Valleys vicino all'Isola di Ross, non cade una goccia di pioggia o un fiocco di neve da quasi due milioni di anni!

Con temperature polari, poca vegetazione e sei mesi senza sole, vivere in Antartide è una sfida. E non c'è il riscaldamento centralizzato, così gli esseri umani (scienziati, ricercatori e viaggiatori avventurosi) vi si recano solo d'estate (e si gela anche in quel periodo!). Tuttavia, la fauna abbonda: la maggior parte vola nel cielo e nuota negli oceani che circondano le banchise.

Gli animali autoctoni terrestri sono solo gli invertebrati, i pidocchi, le pulci e i moscerini, mentre tra gli animali che vivono dentro e fuori dall'acqua ci sono foche, pesci, balene, krill e uccelli, comprese 18 specie di pinguini (solo 5 specie vivono sempre qui).

L'Antartide ha solo due biomi: tundra e polo.

1. .... Petrello delle nevi
2 .... Pinguino imperatore
3 .... Belgica antartica
4 .... Albatro
5 .... Pinguino Gentoo
6 .... Elefante marino meridionale
7 .... Balenottera azzurra
8 .... Orca
9 .... Comatula
10 .... Edwardsiella andrillae
11. .... Krill
12 .... Megattera

ACROBATA PIÙ AGGRAZIATO
PETRELLO DELLE NEVI
ALLEVATORE PIÙ CONGELATO
PINGUINO IMPERATORE
APERTURA ALARE PIÙ GRANDE
ALBATRO
UNICO INSETTO NATIVO DELL'ANTARTIDE
BELGICA ANTARTICA
FOCA PIÙ GRANDE DEL MONDO
CAMPIONE DI NUOTO
PINGUINO GENTOO
ELEFANTE MARINO MERIDIONALE

Sopra il ghiaccio

PETRELLO DELLE NEVI
Pagodroma nivea

CLASSE: uccello **DIETA:** carnivoro
LUNGHEZZA: fino a 41 cm **PESO:** fino a 460 g

Questo uccello ama il freddo e migra volentieri verso le fredde acque antartiche. È una delle tre specie di uccelli che si riproducono esclusivamente in Antartide. Questo aviatore robusto produce un olio arancione e maleodorante nello stomaco, che rigetta dalla bocca per autodifesa, ma lo usa anche come cibo per sé e i suoi pulcini nei lunghi voli! Durante la stagione riproduttiva, questi uccelli eseguono delle acrobazie elaborate per attirare un partner, raggiungendo velocità fino a 40 km/h. Questo uccello bianco candido si pulisce facendo il bagno nella neve.

TRA GLI UCCELLI CHE NIDIFICANO PIÙ A SUD **LC**

BELGICA ANTARTICA
Belgica antartica

CLASSE: invertebrato **DIETA:** onnivoro
LUNGHEZZA: fino a 6 mm

È l'unico insetto nativo dell'Antartide e pochi sono così resistenti come questo moscerino. Può sopravvivere ai raggi ultravioletti, al gelo e alla disidratazione, anche quando perde il 70% dei liquidi nel corpo (la maggior parte degli animali non sopravvive a una perdita del 20%). Questo moscerino in realtà ha bisogno di un clima gelido per sopravvivere e passa 8 mesi all'anno congelato sottoterra, a una temperatura mite di -7° C. Incredibilmente, a temperature fino a 10° C muore nel giro di una settimana. Tra tutti gli insetti, questa tenace creatura ha il DNA più corto.

SCOPERTO NELLA PRIMA SPEDIZIONE **NE**

PINGUINO GENTOO
Pygoscelis papua

CLASSE: uccello **DIETA:** carnivoro
ALTEZZA: fino a 90 cm **PESO:** fino a 8,5 kg

È il nuotatore più veloce tra tutti i pinguini: può raggiungere velocità di 36 km/h e immergersi 450 volte al giorno alla ricerca di cibo (fino a 200 m di profondità). Con le sue caratteristiche piume bianche sopra gli occhi, ha la coda più sporgente tra i pinguini che si muove da un lato all'altro mentre cammina. Questo pinguino si accoppia per tutta la vita e, se un partner è infedele, viene bandito dalla colonia! Normalmente i nidi sono costituiti da un cerchio di pietre e il pinguino maschio può attirare una femmina offrendole una bella pietra.

ESISTONO CIRCA 20 SPECIE DI PINGUINO **NT**

PINGUINO IMPERATORE
Aptenodytes

CLASSE: uccello **DIETA:** carnivoro
ALTEZZA: fino a 1,2 m **PESO:** fino a 45 kg

Nel suo elegante smoking, con un tocco di giallo, l'imperatore è il pinguino più grande del mondo e l'unico a riprodursi nel rigido inverno dell'Antartide. Questi uccelli percorrono più di 120 km per raggiungere una colonia riproduttiva interna e, mentre la femmina torna in mare per nutrirsi, il maschio cova un singolo uovo sulle sue zampe, non mangiando nulla per due mesi. Resiste a temperature di -40° C e al vento fino a 144km/h: le spesse piume e uno strato di grasso di 3 cm lo tengono al riparo. È il papà dell'anno.

I PINGUINI CAMMINANO DONDOLANDO **NT**

ALBATRO
Diomedea exulans

CLASSE: uccello **DIETA:** carnivoro **APERTURA ALARE:** fino a 3,5 m **PESO:** fino a 12,7 kg

Questo uccello ha l'apertura alare più lunga, e così può volare per ore senza sbattere le ali. Trascorre la maggior parte della sua vita volando e atterra solo per poco tempo, per riprodursi e nutrirsi. Alcuni fanno addirittura il giro dell'Oceano Australe tre volte in un anno, percorrendo più di120.000 km. Questo gigantesco uccello dorme appollaiato sull'oceano, ma secondo gli scienziati può dormire anche mentre vola. Costretto a bere acqua salata, ha una speciale ghiandola vicino al becco per sbarazzarsi di tutto il sale.

UN GRUPPO DI ALBATRI È UNO STORMO **VU**

ELEFANTE MARINO MERIDIONALE
Mirounga leonina

CLASSE: mammifero **DIETA:** carnivoro
LUNGHEZZA: fino a 7 m **PESO:** fino a 4 tonnellate

Questo gigante scorrazza nelle gelide acque dell'Antartide, vicino alla banchisa, e deve il suo nome alla protuberanza sul muso, simile a una proboscide. Nella stagione riproduttiva, il maschio la usa per ruggire e colpire gli altri maschi in grandi combattimenti (viene versato molto sangue). L'elefante marino ha un numero di globuli rossi superiore a quello degli altri animali: grazie a un singolo respiro, può cacciare sott'acqua per due ore. Questa riserva di ossigeno fa diventare neri i suoi muscoli. I cuccioli aumentano di peso grazie al latte ricco della mamma.

APPARTIENE ALLA FAMIGLIA DEI FOCIDI **LC**

Sotto il ghiaccio

BALENOTTERA AZZURRA
Balaenoptera musculus

CLASSE: mammifero **DIETA:** carnivora
LUNGHEZZA: fino a 33 m **PESO:** fino a 173 tonnellate

La maestosa balenottera azzurra è l'animale più grande mai conosciuto, molto più grande di qualsiasi dinosauro. Il suo cuore è grande come una piccola automobile e la sua lingua può pesare quanto un elefante. Questo cetaceo ha bisogno di molto cibo: un bel boccone di krill equivale a due milioni di kilojoule (478.000 calorie), pari a circa 2.600 ciambelle alla cannella! Il richiamo della balenottera azzurra può essere udito più di 800 km di distanza e può raggiungere i 188 decibel: più forte del motore di un jet. Un tempo cacciata quasi all'estinzione, il numero di esemplari sta lentamente aumentando.

LE BALENE PARTORISCONO I PICCOLI — **EN**

ORCA
Orcinus orca

CLASSE: mammifero **DIETA:** carnivoro
LUNGHEZZA: fino a 9 m **PESO:** fino a 6 tonnellate

L'orca è uno dei predatori più potenti del mondo ed è la specie più grande della famiglia dei delfini. Può balzare fuori dall'acqua e afferrare le foche sopra il ghiaccio, ma caccia anche in branco, creando delle onde per allagare la banchisa e uccidere le prede nell'acqua. I suoi denti possono essere lunghi 10 cm e l'imponente pinna dorsale può raggiungere 1,8 m di altezza. L'orca dorme solo con metà cervello, così l'altra metà può ricordarsi di respirare! Intelligente e socievole, soltanto gli elefanti e i primati hanno una struttura sociale altrettanto complessa.

VIVE IN BRANCHI — **NE**

COMATULA
Articulata (sottospecie)

CLASSE: invertebrato **DIETA:** onnivoro
LUNGHEZZA: fino a 1 m

Questa antica specie di invertebrato marino trascorre la maggior parte del tempo tra i coralli, ma nuota e cammina (come un ragno!) sul fondo del mare. Le sue braccia piumose, simili a piante, intrappolano le particelle di cibo in un muco appiccicoso prima di mangiarle con la bocca. Con 550 specie, può avere un numero qualsiasi di braccia, da cinque a 200, e ciascuno può staccarsi se minacciata. Questo braccio continua a dimenarsi mentre la comatula si dà alla fuga. Gli scienziati non sono sicuri di quanto viva questa stella marina. Forse è una creatura aliena immortale?

APPARTIENE ALLA CLASSE DEI CRINOIDI — **LC**

EDWARDSIELLA ANDRILLAE
Edwardsiella andrilla

CLASSE: invertebrato **DIETA:** carnivoro
LUNGHEZZA: fino a 12,5 cm

Attaccato alla parte inferiore della banchisa antartica, questo è il primo anemone conosciuto che vive nel ghiaccio. A differenza degli anemoni che vivono nelle acque calde, vive a testa in giù, allungando i suoi tentacoli mollicci fuori dalle tane scavate nella banchisa. Gli scienziati non sono ancora sicuri di come crei queste tane con tentacoli così morbidi, o come viva a temperature gelide. Non sanno neanche come si riproduce. Sono stati visti dei pesci nuotargli accanto a testa in giù, come se la parte inferiore della banchisa fosse il fondale oceanico.

È STATO SCOPERTO NEL 2010 — **NE**

KRILL
Euphasia superba

CLASSE: invertebrato **DIETA:** erbivoro
LUNGHEZZA: fino a 5 cm **PESO:** fino a 2 g

Il krill è una delle specie più abbondanti del pianeta: la femmina che depone fino a 10.000 uova per volta. Il corpo di questo piccolo gamberetto luminoso brilla nell'acqua grazie a organi bioluminescenti. Il riscaldamento globale continua a sciogliere i ghiacci e la biomassa di krill si sta riducendo. Molti animali, dalle balene agli uccelli marini, si nutrono di krill… e senza questa specie, le reti alimentari dell'Oceano Antartico collasserebbero completamente. Nonostante questa creatura sia minuscola, può vivere fino a sei anni.

UN GRUPPO DI KRILL È UNO SCIAME — **LC**

MEGATTERA
Megaptera novaeangliae

CLASSE: mammifero **DIETA:** carnivoro
LUNGHEZZA: fino a 19 m **PESO:** fino a 36 tonnellate

Famosa per il suo canto, la megattera produce i richiami più complessi del regno animale. Con pinne più lunghe in proporzione al corpo (fino a un terzo della sua lunghezza), le sbatte sulla superficie del mare e salta fuori dall'acqua più di qualsiasi altro cetaceo. La megattera effettua una delle migrazioni più lunghe dei cetacei: viene in Antartide per nutrirsi, poi si sposta verso acque più calde per allevare i piccoli. Questo gigante gentile consuma 1,4 tonnellate di cibo al giorno e crea anche delle reti da pesca facendo le bolle intorno alla preda.

UN GRUPPO È UN PICCOLO BRANCO — **LC**

ANIMALE PIÙ GRANDE DEL MONDO
BALENOTTERA AZZURRA
DELFINO PIÙ GRANDE DEL MONDO
COMATULA
ANIMALE PIÙ SIMILE A UN ALIENO
ORCA
INVERTEBRATO PIÙ CONGELATO
KRILL
BIOMASSA PIÙ GRANDE DEL MONDO
EDWARDSIELLA ANDRILLAE
MEGATTERA
CANTANTE D'OPERA PIÙ ACQUATICA

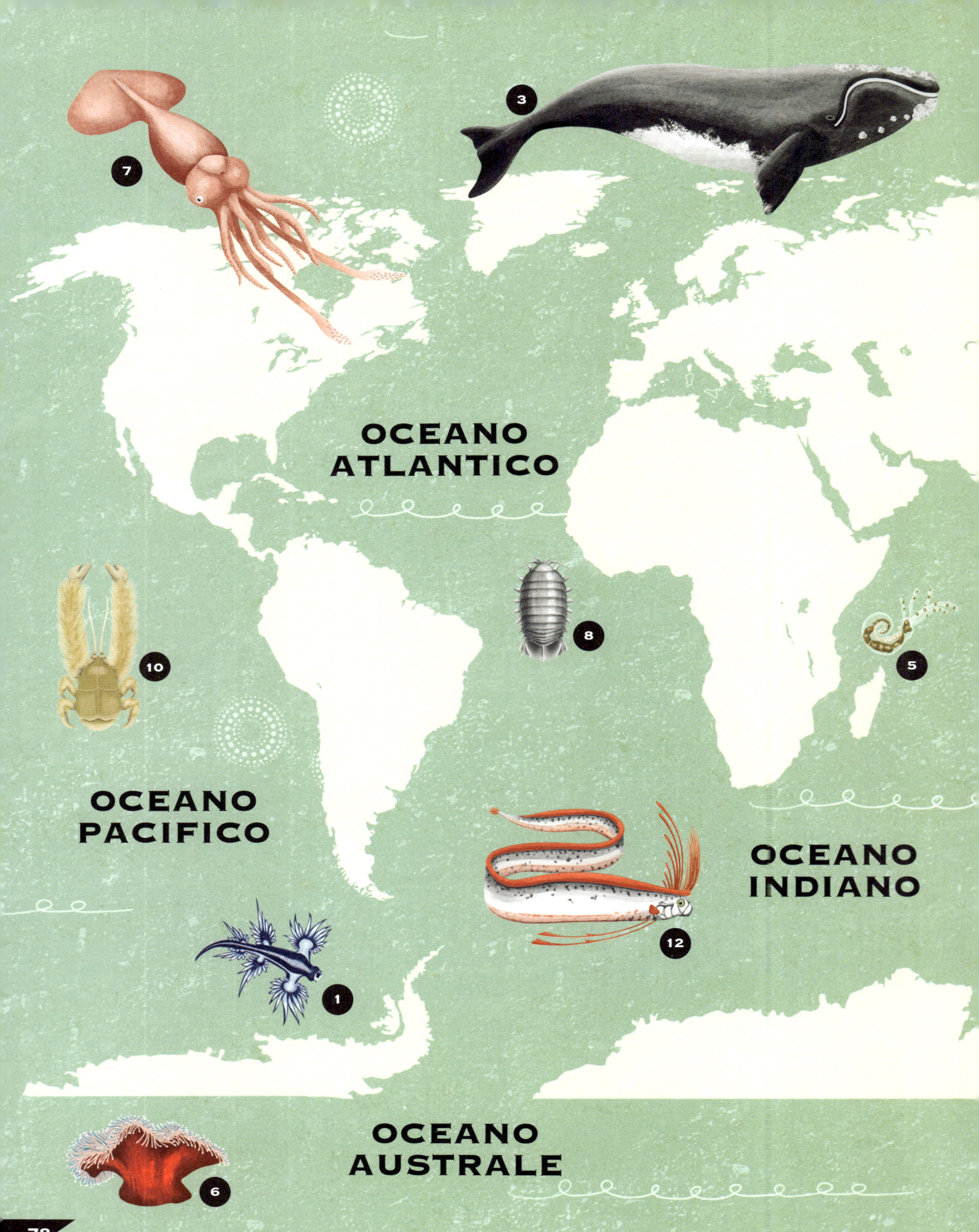
OCEANO ATLANTICO
OCEANO PACIFICO
OCEANO INDIANO
OCEANO AUSTRALE
7
3
10
8
5
12
1
6

Oceani

Gli oceani ricoprono circa il 70% della Terra; costituiscono il 95% dell'acqua del pianeta. L'Oceano Pacifico è il più grande ricopre circa il 30% del nostro pianeta. L'Oceano Atlantico è il secondo per grandezza, seguono l'Oceano indiano, l'Oceano Australe e il Mar Glaciale Artico.

La parte più profonda degli oceani è la Fossa delle Marianne nell'Oceano Pacifico, profonda 11 km: 2 km più profonda di quanto sia alto il Monte Everest. A proposito di montagne, la catena montuosa più lunga del mondo si trova sott'acqua! Si chiama Dorsale Medio-atlantica e si estende per 65.000 km sulla Terra.

Che tu ci creda o no, gli oceani ospitano il 99% delle specie viventi sulla Terra: quindi, l'80% di tutti gli esseri viventi vive sott'acqua: dallo zooplancton microscopico a un calamaro di dimensioni colossali e alla struttura vivente più grande del mondo, il corallo.

1. .... Glaucus atlanticus
2. .... Corallo
3. .... Balena franca australe
4. .... Pesce luna
5. .... Zooplancton
6. .... Heteractis magnifica
7. .... Calamaro colossale
8. .... Isopode gigante
9. .... Pseudoliparis swirei
10. .... Granchio yeti
11. .... Eunice aphroditois
12. .... Regaleco gigante

Oceani: dal più grande al più piccolo

PACIFICO (165,2 milioni di km²)
ATLANTICO (106 milioni di km²)
INDIANO (68,5 milioni di km²)
AUSTRALE (20,3 milioni di km²)
MAR GLACIALE ARTICO (14 milioni di km²)

GLAUCUS ATLANTICUS
LUMACA PIÙ LETALE DEL MONDO
STRUTTURA VIVENTE PIÙ GRANDE
CORALLO
CAMPIONESSA DI NAVIGAZIONE
BALENA FRANCA AUSTRALE
ANIMALE PIÙ DIFFUSO AL MONDO
ZOOPLANCTON
PESCE OSSEO PIÙ GRANDE DEL MONDO
PESCE LUNA
ANIMALE PIÙ PROPENSO A SPUTARE
HETERACTIS MAGNIFICA

Sotto la superficie

GLAUCUS ATLANTICUS
Glaucus atlanticus

CLASSE: invertebrato **DIETA:** carnivora
LUNGHEZZA: fino a 3 cm **PESO:** fino a 100 g

Questa lumaca marina aggressiva si mimetizza grazie a due colori: da un lato è blu come il cielo (vista da sotto dai predatori) e dall'altro argentata come la superficie dell'oceano (vista da sopra dai predatori). È una piccola creatura curiosa che si muove con le correnti, galleggiando sottosopra e tenendosi stretta alla superficie del mare in alto. Si nutre di caravelle portoghesi, conservando le sue velenose nematocisti (aculei) per difendersi. Può abilmente concentrare questo veleno, quindi la sua puntura è ancora più mortale di questa medusa!

LE LUMACHE PRODUCONO BAVA — **EN**

BALENA FRANCA AUSTRALE
Eubalaena australis

CLASSE: mammifero **DIETA:** carnivora
LUNGHEZZA: fino a 18 m **PESO:** fino a 80 tonnellate

È l'unico grande cetaceo senza pinna dorsale e la sua gigantesca testa misura un quarto della lunghezza del corpo. Ha due sfiatatoi che formano una V sulla testa e spessi cuscinetti detti callosità, ognuno con un motivo diverso, proprio come le tue impronte digitali! Nonostante le sue dimensioni, fa delle acrobazie: riesce a stare sulla testa e perfino a usare la coda come una vela, navigando come una barca! Il suo nome deriva dal fatto che nuota lentamente, quindi in passato era considerata facile da catturare. Protetta dal 1935, il numero degli esemplari sta lentamente aumentando.

UN GRUPPO DI BALENE È UN BRANCO — **EN**

ZOOPLANCTON
Canis latrans

CLASSE: invertebrato **DIETA:** carnivoro, onnivoro, erbivoro **LUNGHEZZA:** fino a 2 mm

Esistono due tipi di plancton: fitoplancton (piante) e zooplancton, minuscoli organismi marini che riempiono la pancia di tantissimi animali affamati. A parte i batteri, lo zooplancton è l'organismo vivente più diffuso sulla Terra, ingurgitato dalla sardina più piccola fino alla balenottera azzurra. Di giorno, lo zooplancton vaga in profondità per sfuggire ai predatori, ma di notte risale in superficie per nutrirsi di fitoplancton, dando vita alla più grande migrazione giornaliera al mondo. Questo viaggio aiuta a limitare i danni da biossido di carbonio causati da esseri umani fastidiosi.

UN GRUPPO DI ZOOPLANCTON È ENORME! — **LC**

CORALLO
Anthozoa (classe)

CLASSE: invertebrato **DIETA:** carnivoro
LUNGHEZZA: varia **PESO:** vario

Esistono due tipi di corallo: i coralli morbidi sembrano delle piante dai colori accesi, i polipi duri del corallo hanno un esoscheletro rigido per proteggere i corpi morbidi; questi scheletri formano le barriere coralline. Per farlo, i polipi si attaccano a uno scoglio e iniziano a dividersi, clonandosi fino a formare una struttura. Oggi la Grande Barriera Corallina è in pericolo di estinzione a causa delle temperature degli oceani in aumento e dello sbiancamento dei coralli. La struttura vivente più grande del mondo ha più di 500.000 anni e si estende per oltre 2300 km: può essere vista dallo spazio!

UN GRUPPO FA... LA BARRIERA CORALLINA — **EN**

PESCE LUNA
Mola mola

CLASSE: pesce **DIETA:** onnivoro
LUNGHEZZA: fino a 3,3 m **PESO:** fino a 2 tonnellate

Il pesce luna assomiglia a un enorme frittella con le pinne ed è il pesce osseo d'acqua salata più grande del mondo: è grande quanto un'utilitaria. È detto anche pesce mola e ama semplicemente rilassarsi sulla superficie dell'oceano, catturando i raggi del sole. La femmina può deporre ben 300 milioni di uova, più di qualsiasi altro vertebrato. I piccoli, chiamati larve, sono grandi quanto la capocchia di un fiammifero, ma i pesci luna adulti possono essere 600 volte più grandi dei loro piccoli! Un pesce antico: apparve quando i dinosauri si estinsero e le balene avevano ancora le zampe.

È UN PESCE SOLITARIO — **VU**

HETERACTIS MAGNIFICA
Heteractis magnifica

CLASSE: invertebrato **DIETA:** carnivoro
LUNGHEZZA: fino a 1 m

Questo magnifico anemone può sembrare carino, ma è piuttosto aggressivo. Coperto di cellule urticanti chiamate nematocisti, il pesce pagliaccio è l'unica creatura che osa chiamarlo casa, grazie al rivestimento mucoso che lo protegge. Questo anemone vive vicino alla superficie del mare e tende a restare fermo, ma ha una zampa appiccicosa, quindi può muoversi se necessario. Può anche sorprendentemente clonarsi dividendosi a metà dalla bocca alle zampe! Ciò significa che non invecchia mai e potrebbe effettivamente vivere per sempre, se non esistessero predatori o malattie.

NON ESISTONO GRUPPI DI ANEMONI! — **LC**

Negli abissi

CALAMARO COLOSSALE

Mesonychoteuthis hamiltoni

CLASSE: invertebrato **DIETA:** carnivoro
LUNGHEZZA: fino a 10 m **PESO:** fino a 700 g

Questo enorme bestione ha gli occhi più grandi di tutto il regno animale: sono grandi quanto una palla da calcio (ma non calciarli!). È l'invertebrato più pesante del mondo e l'unica specie con uncini sulle braccia e sui tentacoli, che usa per afferrare e tenere la preda. Questo gigante degli abissi è predato dal capodoglio. Ha luogo una battaglia epica e molti capodogli portano sul dorso le cicatrici degli uncini di questi calamari. Hai qualcosa in comune con questa creatura: anche lei ha una visione binoculare (entrambi gli occhi si concentrano su una cosa).

I CALAMARI SONO MOLLUSCHI — **LC**

PSEUDOLIPARIS SWIREI

Pseudoliparis swirei

CLASSE: pesce **DIETA:** carnivoro
LUNGHEZZA: fino a 11 cm **PESO:** fino a 160 g

Questo pesce assomiglia a un girino e la sua carne è così traslucida che puoi vedere gli organi! È il pesce catturato più in profondità (a 7966 m nella Fossa delle Marianne) e si trova nella regione adale, la parte dell'oceano più profonda, buia, fredda e pressurizzata (380 volte quella della superficie!). Gli abissi costituiscono la maggior parte degli oceani del mondo, ma rimangono per lo più inesplorati a causa dell'intensa pressione dell'acqua. Questo pesce ha un corpo molto delicato, come carta velina trascinata dalle correnti, ma riesce a gestire una pressione pesante come un elefante in piedi su un pollice.

TRA I PREDATORI PRINCIPALI DEGLI ABISSI — **LC**

EUNICE APHRODITOIS

Eunice aphroditois

CLASSE: invertebrato **DIETA:** onnivoro
DIMENSIONI: fino a 3 m **PESO:** fino a 433 g

Non ha occhi e nemmeno un cervello (solo un ammasso di 300 neuroni), eppure questa temibile creatura è una cacciatrice esperta e furiosa. Si nasconde nel fondale marino, apre le fauci come una trappola e aspetta. Se un pesce si avvicina abbastanza da attivare una delle antenne di questo verme... ZAC! Le sue mascelle sono come un paio di forbici, tagliano la preda a metà e poi la trascina sotto la sabbia per divorarla. Il suo corpo è uno dei più lunghi di questa specie: può raggiungere i 3 m di lunghezza.

INIETTA UNA TOSSINA NELLA SUA PREDA — **LC**

ISOPODE GIGANTE

Bathynomus giganteus

CLASSE: invertebrato **DIETA:** carnivoro
LUNGHEZZA: fino a 50 cm **PESO:** fino a 1,7 kg

Un antico crostaceo, questo isopode è parente stretto dei porcellini di terra, piccoli insetti cicciotti che vivono nel tuo giardino. Infatti, se minacciato, si appallottola. La maggior parte degli isopodi degli abissi sono più piccoli dell'unghia del tuo pollice, ma grazie alle sue dimensioni, questo isopode gigante potrebbero sopravvive alla pressione estrema delle profondità oceaniche. Il cibo scarseggia a queste profondità, quindi si nutre di animali morti che cadono sul fondale marino. Potrebbero passare anni prima del prossimo pasto, quindi rallenta il metabolismo per conservare energia preziosa.

PUÒ VIVERE FINO A 2140 M DI PROFONDITÀ — **LC**

GRANCHIO YETI

Kiwa hirsuta

CLASSE: invertebrato **DIETA:** carnivoro
LUNGHEZZA: fino a 15 cm **PESO:** fino a 2,2 kg

Il Kiwa hirsuta assomiglia proprio a uno yeti, con peli biondi simili a pelliccia sulle zampe e sugli artigli. Vive a 2.200 m sotto il livello del mare, su fonti idrotermali, cioè sfiatatoi sul fondo dell'oceano. Come altre creature degli abissi, questo granchio sembra mangiare i batteri amanti dello zolfo intorno a questi sfiatatoi, raccolti tra i peli setosi delle sue zampe. Questo granchio ha una vita difficile: se si avvicina troppo allo sfiatatoio, sarà bollito vivo, e se si allontana troppo, morirà congelato.

HA GLI OCCHI ATROFIZZATI — **LC**

REGALECO GIGANTE

Regalecus glese

CLASSE: pesce **DIETA:** carnivoro
LUNGHEZZA: fino a 17 m **PESO:** fino a 270 g

In passato, quando i marinai raccontavano storie di terribili serpenti marini, probabilmente avevano scorto il regaleco gigante contorcere il suo enorme corpo simile a un nastro tra le onde dell'oceano. In realtà, questa creatura bizzarra è relativamente innocua: si nutre di plancton, non di marinai. È il pesce più lungo del mondo, ha una cresta sulla testa e pinne a forma di remo. Gli organi interni sono vicini alla testa per assicurarsi che sopravviva se gli venisse mozzata la coda! Questo fantastico pesce è noto per nuotare anche in verticale: dritto su e giù, come un palo del telegrafo.

UN GRUPPO DI REGALECI È INSOLITO — **LC**

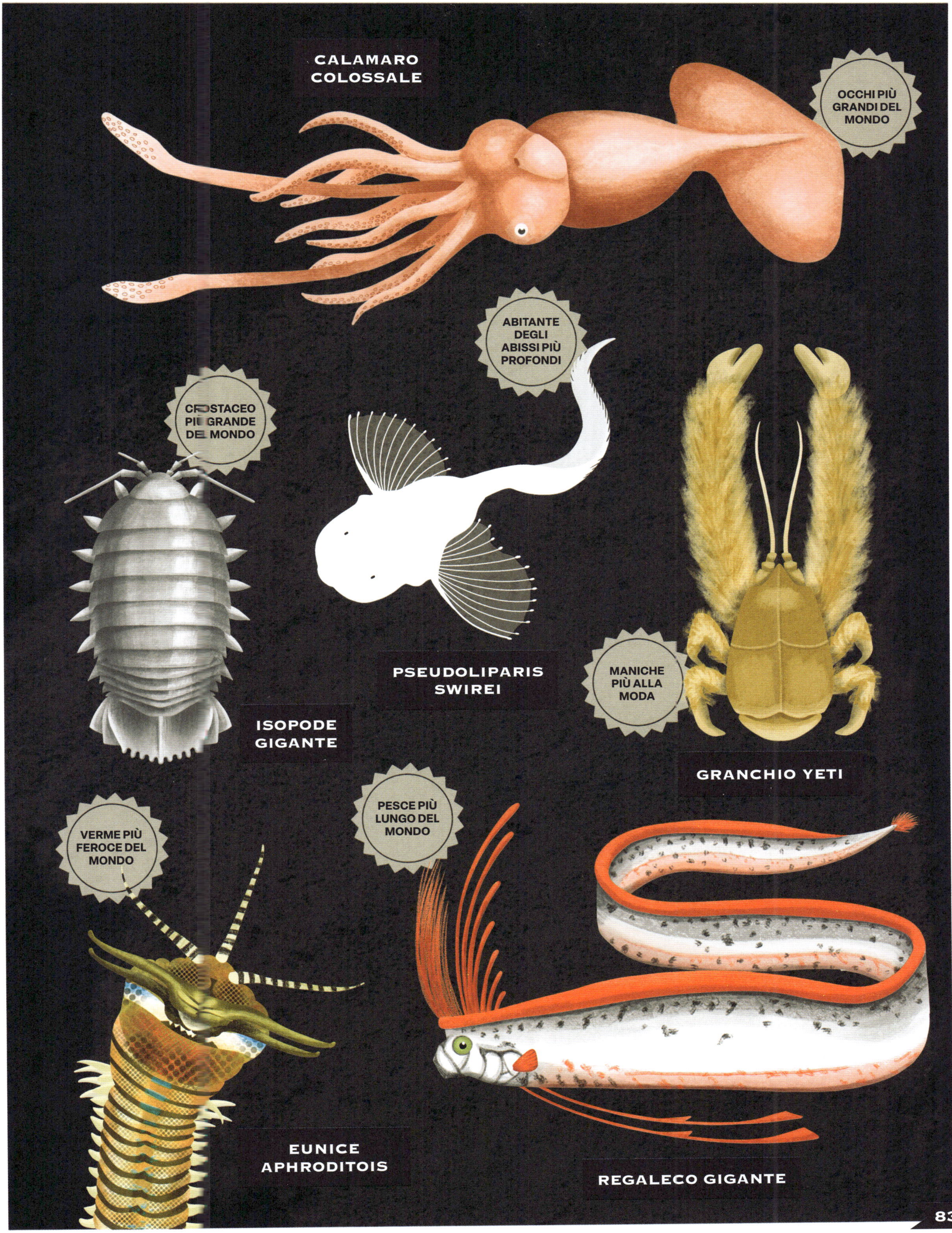
CALAMARO COLOSSALE
OCCHI PIÙ GRANDI DEL MONDO
ABITANTE DEGLI ABISSI PIÙ PROFONDI
CROSTACEO PIÙ GRANDE DEL MONDO
PSEUDOLIPARIS SWIREI
MANICHE PIÙ ALLA MODA
ISOPODE GIGANTE
GRANCHIO YETI
PESCE PIÙ LUNGO DEL MONDO
VERME PIÙ FEROCE DEL MONDO
EUNICE APHRODITOIS
REGALECO GIGANTE

Animali a rischio

STORIONE LADANO

La Terra sta vivendo un'estinzione di massa, la sesta negli ultimi 500 milioni di anni, e questa sembra essere la peggiore dalla scomparsa dei dinosauri. Circa il 99% di tutte le specie in pericolo di estinzione è il risultato dell'attività dell'uomo, soprattutto a causa del cambiamento o perdita dell'habitat, dell'introduzione di specie invasive e del cambiamento climatico.

L'estinzione è un modo naturale per il nostro pianeta di prosperare, ma oggi il suo tasso è decine di migliaia di volte più veloce della normale perdita di un massimo di cinque specie all'anno. Dal 1970 al 2010, la popolazione umana è raddoppiata, mentre la fauna si è dimezzata. Oggi, circa tre specie all'ora si stanno estinguendo e, a questo ritmo, il 10% di tutte le piante e gli animali della Terra potrebbe scomparire entro il 2050.

Una delle più grandi sfide per il nostro pianeta è la scomparsa degli insetti che impollinano le piante, che ci forniscono il cibo. Un terzo degli oceani e dei corsi d'acqua è stato sottoposto a pesca intensiva e molte delle specie di cui ci nutriamo sono in pericolo di estinzione.

Forse per alcuni animali è troppo tardi: quelli illustrati in queste pagine sono seriamente in pericolo. Gli effetti dell'attività umana e dei cambiamenti climatici sono stati devastanti, ma c'è speranza, se agiamo ora.

CAMBIAMENTO GLOBALE

Ecco alcune buone notizie. Molti Paesi stanno creando programmi e santuari per proteggere gli animali selvatici. Per esempio, il Cile ha creato tre enormi santuari marini. Il Botswana sta lavorando per prevenire il bracconaggio degli elefanti. Il Pakistan sta piantando 10 miliardi di alberi. In Europa, 28 Paesi si sono uniti per creare una rete di aree naturali protette dal nome "Natura 2000". L'Australian Wildlife Conservancy ha aperto il primo santuario per la fauna selvatica libera più di 30 anni fa e il programma di conservazione del Parco Nazionale degli Everglades in Florida è uno dei più riusciti del Paese. Cerca anche tu altre buone notizie: ne troverai molte!

CONRAUA DEROOI

CAMMELLO SELVATICO

IGUANA ROSA

ADDAX

COSA POSSIAMO FARE

Gli effetti del cambiamento climatico stanno distruggendo gli habitat degli animali in tutto il mondo. Ogni tre minuti, perdiamo una quantità di alberi pari a ben 27 campi da calcio. Dobbiamo prevenire la perdita degli habitat pensando in modo ecologico.

- Attira la fauna locale piantando alberi e arbusti autoctoni, e non usare mai pesticidi in giardino.
- Usa prodotti riciclati o di seconda mano e utilizza i vecchi imballaggi, come le lattine, in modo creativo.
- Evita la plastica, spegni le luci, chiudi il rubinetto e usa un bidone per il compost.
- Tieni il gatto in casa di notte e mettigli un campanello al collare se esce durante il giorno.
- Cerca le app come InNat per monitorare la fauna locale.
- Iscriviti a un'organizzazione come il World Wide Fund for Nature (WWF) o il Defenders of Wildlife.
- Condivi libri come questo con i tuoi amici e familiari, così che tutti noi possiamo celebrare e proteggere i nostri preziosi animali.

I diritti degli animali

Circa 10.000 anni fa, quando gli esseri umani smisero di essere cacciatori e diventarono agricoltori, le cose cambiarono molto per la fauna del nostro pianeta. Gli animali che erano allevati per servire (o nutrire) gli esseri umani sono cambiati molto: oggi sono davvero diversi rispetto ai loro antenati selvaggi. Solo il 4% dei mammiferi nel mondo è selvaggio e la perdita continua della fauna selvatica ha un effetto devastante sull'equilibrio naturale della Terra.

Tutti gli animali comunicano in qualche modo e possono provare emozioni e dolore fisico. Devono essere trattati con rispetto e protetti da abusi e sfruttamento. Gli esseri umani chiedono questi diritti e anche gli animali dovrebbero averli: il diritto al cibo, a un riparo e alle cure. Nel caso degli animali selvatici, il modo migliore per aiutarli è semplicemente lasciarli in pace.

COME SOFFRONO GLI ANIMALI

- Migliaia di animali muoiono a causa del bracconaggio. Zanne, corna, pellicce, ossa e altre parti del corpo sono utilizzate in gioielleria e cosmetici. Gli animali vengono inoltre venduti come animali domestici e soffrono fuori dei loro habitat.
- La caccia è inutile e violenta se l'obiettivo è solo un trofeo. Gli animali possono soffrire se non muoiono sul colpo.
- Gli animali selvatici non devono vivere in o costretti a esibirsi: il rumore e la folla possono causare gravi ansie.
- I metodi di addestramento sono spesso crudeli, e gli animali incatenati soffrono perché si procurano piaghe dolorose.
- Gli allevamenti intensivi sono terribili: rinchiusi in gabbie o recinti, non vedono il sole e non hanno spazio per muoversi.
- Gli animali catturati in natura vengono spesso spediti all'estero in condizioni terribili. Molti soffrono e muoiono.

SPERANZA PER IL FUTURO

Anche se le cose stanno lentamente migliorando, il posto migliore per qualsiasi animale è il suo habitat naturale. Oggi i parchi mirano alla conservazione e accolgono gli animali solo se necessario. Alcuni hanno anche programmi di allevamento speciali per salvare alcune specie e per educare i visitatori sulla preziosa fauna selvatica. Siamo fortunati ad avere tante persone meravigliose che lavorano sodo per proteggere gli animali, ma tutti noi possiamo fare la differenza trattandoli con rispetto e contattando le organizzazioni che sostengono gli animali e i loro habitat.

LINCE IBERICA

SAIGA

SALAMANDRA GIGANTE CINESE

ORANGO DI SUMATRA

RINOCERONTE NERO

COSA POSSIAMO FARE

- Mai dare da mangiare agli animali selvatici.
- Mangiare meno carne e comprare carne e uova da allevamenti all'aperto.
- Usare prodotti contrassegnati "cruelty free" (non testati sugli animali).
- Riconsiderare l'acquisto di prodotti derivati da animali (per esempio, di pelle).
- Non partecipare a eventi che danneggiano gli animali o li tengono in cattività.
- Nelle giornate calde, metti a disposizione degli animali selvatici delle vaschette d'acqua per farli bere.
- Adotta un animale da salvare o fai volontariato presso il rifugio per animali più vicino.
- Garantisci una vita sana e amorevole ai tuoi animali domestici, e tratta tutti gli animali con gentilezza.
- Unisciti a organizzazioni come ENPA, PETA o Greenpeace, che lavorano per sostenere e liberare gli animali in tutto il mondo.

Glossario

ABIOTICO: assenza di vita o di organismi viventi
ACQUA DOLCE: acqua non salata
ACQUATICO: relativo all'acqua
ADDOMESTICATO: un animale docile, tenuto come animale domestico o da lavoro
AERARE: introdurre aria dentro qualcosa
ALPINO: area montuosa ad alta quota
ALTITUDINE: l'altezza di qualcosa, spesso riferito a montagne o aerei
ANTENATO: un tipo precedente di pianta o animale
ARBOREO: che vive sugli alberi
ARTROPODE: un animale invertebrato, come un crostaceo o un insetto
BARBIGLIO: un'appendice cutanea che cresce sulla bocca di alcuni pesci
BATTERI: un grande gruppo di microrganismi che possono essere benefici o nocivi per gli animali
BIOLUMINESCENZA: una luce che risplende al buio prodotta da alcuni animali
BIOMASSA: il peso della vita sulla Terra
BIOMA: un'area classificata in base alla vita vegetale e animale
BINOMIALE: il nome scientifico di ogni specie sulla Terra
BIOTICO: relativo a organismi viventi
BOREALE: area forestale con alberi sempreverdi nelle fredde regioni del nord
BRACCONAGGIO: la caccia e la cattura illegali di animali selvatici
CARCASSA: il corpo morto di un animale
CARNIVORO: un animale che mangia solo altri animali
CAROGNA: animali morti e in decomposizione
CASCO: parte simile a un casco di alcuni uccelli, rettili e anfibi
CATTIVITÀ: imprigionato o confinato
CLOACA: una sola apertura per fare pipì e cacca, e deporre le uova
CLONARSI: svilupparsi da una singola cellula, con lo stesso DNA della cellula madre
CONSERVAZIONE: proteggere e preservare la natura
COSTRIZIONE: stritolare qualcosa
DECOMPORSI: marcire, putrefarsi
DESERTO: un'area dove non piove più di 25cm all'anno
DECIDUO: tipo di pianta che perde le foglie una volta all'anno
DNA: molecola di informazioni genetiche nella maggior parte degli organismi
ECOLOCALIZZAZIONE: individuare gli oggetti usando suoni riflessi
ECOSISTEMA: la reazione degli esseri viventi tra loro e all'ambiente
ENDEMICO: nativo, ristretto a una certa regione
ERBIVORO: un animale che si nutre solo di piante
ESCREMENTI: un fertilizzante organico
ESOSCHELETRO: rigido rivestimento esterno
ESTIVAZIONE: andare in letargo durante l'estate
ESTINGUERSI: non esistere più
FEROMONI: sostanze chimiche rilasciate da un animale che influenzano il comportamento di altri animali vicini
FOLLICOLO: piccola sacca nella pelle, spesso contenete un pelo
FOSSILE: impronte o resti preservati di una pianta o un animale preistorico
FORESTA PLUVIALE: un'area con molti alberi alti e sempreverdi, dove piove molto
FOTOSINTESI: l'uso della luce del sole per produrre nutrienti da biossido di carbonio e acqua

ELEFANTE MARINO MERIDIONALE

GASTEROPODE: un mollusco come una chiocciola o una lumaca
GENERARE: dare alla luce
HABITAT: un ambiente localizzato dove gli organismi vivono
IDROTERMALE: acqua scaldata dalla crosta terrestre
IMMORTALE: che vive per sempre
IMPOLLINAZIONE: il trasferimento di polline da pianta a pianta per fecondare
IN PERICOLO DI ESTINZIONE: che corre il rischio di estinguersi
INVERTEBRATO: animale senza spina dorsale
IRIDESCENTE: colori luminosi che cambiano se visti da altre angolazioni
LARVA: la forma infante di un insetto (il plurale è larve)
LETARGO: quando gli animali dormono durante l'inverno
MAMMIFERI: classe di vertebrati
MEMBRANA: un sottile strato di cellule che forma una barriera
METABOLISMO: reazione chimica che trasforma il cibo in energia
MIGRATORIO: animale che si sposta da un posto a un altro in determinati periodi dell'anno
MIRIAPODI: antropoidi con corpi segmentati e molte zampe, come i centopiedi
MONOTREMO: un antico ordine di mammiferi che depongono uova
NEMATOCISTI: una cellula speciale che può sparare fuori aculei urticanti
NINFA: forma infante (di certe specie di insetti) che non cambia molto con la crescita
ONNIVORO: un animale che mangia sia piante che altri animali
ORGANISMO: un essere vivente o che è vissuto
PARASSITA: un organismo che vive dentro o sopra un altro organismo e si ciba dei suoi nutrienti per sopravvivere
PERIFERICO: sopra o intorno, ai margini esterni di qualcosa
PERMAFROST: uno spesso strato di suolo gelato, in profondità, durante tutto l'anno
PINNIPEDE: un mammifero acquatico, come la foca o il tricheco
PRATERIA: un'area vasta e aperta ricoperta di erba
PREDA: un animale che viene mangiato!
PREDATORE: un animale che insegue e mangia altri animali
PROBOSCIDE: il naso di un mammifero simile a un tronco (elefante) o la bocca allungata di un insetto (farfalla)
RIGURGITARE: ingoiare il cibo per poi farlo risalire
SANTUARIO: un posto scuro o un'area dedicata alla conservazione degli animali
SAVANA: tipo di prateria tropicale con alberi sparsi
SCUOTERE IL BECCO: azione svolta per nutrirsi sulla superficie del 'acqua, senza immergersi
SEMPREVERDE: un albero che non perde le foglie
SFRUTTAMENTO: usare e trattare qualcosa ingiustamente
SOLIFUGO: un aracnide velenoso che sembra un ragno, ma non lo è
SVERNARE: andare in letargo in inverno o migrare in un posto più caldo
TAIGA: una regione con lunghi inverni freddi e poca pioggia
TASSONOMIA: una branca della biologia che classifica gli animali e altri organismi
TEMPERATO: una regione o un clima con temperature miti
TERMALE: relativo al calore
TERRESTRE: relativo alla Terra
TOSSINE: veleni di origine vegetale o animale
TRAFFICARE: distribuire e commerciare qualcosa illegalmente, spesso tra Paesi
TROPICALE: riferito alle regioni calde vicino all'Equatore
TUNDRA: una regione artica senza alberi, il cui sottosuolo è sempre congelato
VELENOSO: un animale in grado di iniettare veleno mordendo o pungendo (come i serpenti e le api), e che può anche causare la morte o trasmettere una malattia se toccato o mangiato, come il rospo delle canne
VERTEBRATO: animale con la spina dorsale

CreaLibri è un marchio EDICART Style
Via Jucker, 28 - Legnano (MI) - Italia

Copertina Regine Abos e Tania McCartney
Riproduzione del colore di *Megan Ellis* e *Splitting image Colour Studio*
Titolo originale: *Wildlife Compendium of the World*
Traduzione dall'inglese di *Emma Lenzi*

www.edicart.it

VOLPETTA
TORO
PAVONE
IDRA
LEONE
CAMALEONTE